A la recherche de notre passé

Rose Gralhon

Les grandes révolutions

l'Ecole
11 rue de Sèvres à Paris 6e

1788: 26 millions de Français

Une société divisée

Trois «ordres» divisent la société française: le clergé, la noblesse, le tiers-état.

Les privilégiés

1. Le clergé: à partir de 1760, tous les évêques sont nobles.

Ses revenus et privilèges: le haut-clergé perçoit *la dîme,* 1/10e des récoltes des paysans installés sur ses terres, le produit du culte (baptêmes, mariages...) et de nombreux dons; ses domaines lui procurent des revenus importants et il assure la totalité de l'enseignement.

Un exemple de dîme contestée à la veille de la Révolution: Paroisse de Beignon, village breton, 7 avril 1789: «Nous nous plaignons de la dîme qu'il nous faut donner... pour les blés, seigle, blé noir, froment, avoine. Cela nous gêne beaucoup; nous ne (savons) pas si nous la devons abolir, mais nous désirerions la donner (au 36e javelot), comme les autres paroisses...»

– Exprimer simplement l'amélioration de la dîme demandée, sur 100 kg de céréales.

– il comprend 130000 personnes environ,
– il détient 10% du sol,
– il ne paie aucun impôt,
– il a une grande influence morale sur la population et sur le roi.

2. La noblesse: c'est le groupe dominant de la société.

Ses revenus: l'exploitation de ses terres par les paysans lui assure l'essentiel de ses revenus (voir ci-dessous). Les nobles ne peuvent exercer aucune activité manuelle sans «déroger», c'est-à-dire perdre leurs titres de noblesse. Seules quelques professions sont permises: la carrière militaire, le service du roi, les hautes charges administratives et, depuis peu, maître de forges ou maître verrier et le grand commerce maritime.

C'est la vieille noblesse d'origine militaire ou «noblesse d'épée».

Ses privilèges:

– *Certains sont honorifiques:* le port de l'épée, le droit de chasse, de pigeonnier, le banc réservé à l'église de la paroisse, etc...

– *Certains sont utiles*, comme les exemptions fiscales qui les dispensent des impôts essentiels et les grands emplois de l'Etat qui leur sont réservés.

– *Certains relèvent du droit féodal.* Ce sont les anciens *droits seigneuriaux:* produit du droit de justice, redevances en nature ou en argent sur les récoltes des paysans, corvées gratuites sur les terres et routes de la seigneurie, le produit des banalités, des péages, etc... Ces anciens droits avaient été créés au Moyen Age pour entretenir le seigneur qui vivait au milieu de ses paysans et leur assurait la protection de leurs personnes et de leurs biens. Or, depuis la fin du 15e siècle, ce rôle a disparu; seul, le roi a le droit d'entretenir et de lever une armée; mais les droits sont toujours perçus.

A la «noblesse d'épée» est venue s'ajouter une noblesse plus récente, issue des offices achetés à l'Etat (depuis Henri IV) qui, devenus héréditaires, en ont fait une noblesse auxiliaire au service de l'Etat; c'est la «noblesse de robe». Très riche, elle possède de vastes domaines qu'elle gère attentivement et s'est totalement intégrée à la noblesse.

– elle comprend 400000 personnes environ,
– elle détient 25 à 30% du sol,
– elle paie *en principe* 2 impôts, la capitation et le vingtième (rarement ou mal payés)
– elle est exemptée des autres impôts royaux.
– elle accapare de plus en plus les hautes charges de l'Etat; son influence sur le pouvoir grandit,
– «de robe» ou «d'épée», la noblesse tient à ses privilèges.

Deux exemples de «noblesse de robe»:

«L'un des plus connus est ce fils et petit-fils des Eyquem, marchands de Bordeaux, qui, conseiller au parlement, prit le nom d'une terre récemment acquise par son père, celui de Montaigne.» (Qui était Montaigne? Voir: Le Temps des Rois).

«Le fils d'un tanneur de Conches, Pierre Corneille, est d'abord commis au greffe criminel de Rouen, puis avocat; lorsqu'il meurt en 1588, on le qualifie d'«honorable homme»; son fils sera anobli en 1637, et son petit-fils, le grand Corneille, sera premier avocat du roi en l'Amirauté de France.»

R. Pernoud

Les rôturiers

3. Le tiers-état comprend tous ceux qui ne sont pas nobles, soit plus de 25 millions de personnes.

Il possède 60 à 65 % du sol, mais très inégalement réparti.

Il paie la presque totalité des impôts du royaume.

Il n'a aucune influence sur le pouvoir.

Travaux:

– Calculer le pourcentage écrasant du tiers-état dans l'ensemble de la population.

– Qu'est-ce qui différencie noblesse de robe et noblesse d'épée?

A l'intérieur de chaque «ordre»

De grandes inégalités

Chaque ordre comporte une base pauvre, au-dessus de laquelle s'étagent diverses catégories.

Un bas-clergé

Ce sont *les curés* et *prêtres,* tous rôturiers, au niveau d'instruction médiocre et dont la condition, surtout dans les communes rurales, avoisine parfois la misère.

– il ne possède rien et aspire à mieux vivre.

Une petite noblesse de province

Elle vit chichement sur ses terres. Peu instruite, elle possède de petits domaines aux revenus à la limite de l'indigence. Elle est d'autant plus âprement attachée à ses droits.

– elle fait partie de la noblesse d'épée et tient à ses privilèges, mais elle aspire à mieux vivre.

Le tiers-état est l'ordre le plus diversifié.

– *Une haute bourgeoisie* très riche qui *dirige l'économie* du pays: entrepreneurs, négociants, financiers, fabricants, grands marchands des villes. *Très instruits, très cultivés,* tous vivent avec faste, à la ville dans leurs hôtels particuliers, à la campagne dans des châteaux rachetés aux nobles, souvent avec le titre de noblesse y afférent.

– *Une moyenne bourgeoisie,* tout aussi *instruite,* qui *dirige l'administration du royaume:* détenteurs d'offices, maires, échevins, magistrats, commis, écrivains, ingénieurs, savants. *Elle dirige aussi l'opinion publique* en vulgarisant, dans ses écrits: les idées des philosophes et les résultats de la révolte des colonies américaines (voir page 4).

– elle possède 25% du sol,
– elle paie des impôts,
– elle condamne l'absolutisme du roi et les privilèges,
– elle réclame l'égalité de tous devant l'impôt, devant la loi.

Le paysan est accablé par le travail.

– *Les paysans aisés* ou «*laboureurs*» sont *propriétaires* de leurs terres; ils sont aussi *fermiers* sur les grandes exploitations seigneuriales. Certains ne possèdent que de toutes petites parcelles; les riches propriétaires sont les moins nombreux.

– ils possèdent 40% du sol,
– ils paient les impôts royaux, les droits seigneuriaux, la dîme.

Ils représentent ensemble 85% de la population.

– *Les journaliers ou manouvriers ou brassiers* sont les ouvriers agricoles. Ils sont toujours guettés par le chômage saisonnier. Parmi eux, certains possèdent une vache que l'on emmène paître sur les terrains communaux, et, parfois, un petit lopin de terre loué pour du jardinage. Beaucoup ne possèdent que leurs bras pour travailler.

– ils ne possèdent rien.

– Calculer le pourcentage des paysans dans le tiers-état.
– Est-il juste de dire qu'à la veille de la Révolution, la France est encore «une immense paysannerie»?

– *Les classes populaires urbaines* comprennent *les patrons de métiers, les artisans* et *petits commerçants* ou petite bourgeoisie des villes; *les compagnons* qui vivent sous le toit patronal; *les petits métiers de la rue* et enfin *les ouvriers* de tous les corps de métier. Tous sont à la merci d'une année difficile (hausse des prix des denrées dues à de mauvaises récoltes, mévente, chomage).

– ils ne possèdent à peu près rien.

Conclusion: Une très mauvaise organisation financière caractérise cette époque.

– *Un système d'impôts injuste* fait supporter l'essentiel de l'impôt direct par les classes les plus pauvres.

– *Une perception des impôts déplorable:* les impôts indirects (taxes sur le sel et les boissons; péages, douanes) sont perçus, au nom du roi, par des «fermiers généraux» qui prélèvent au passage des bénéfices substanciels.

– *Un déficit permanent:* les dépenses de l'Etat ont considérablement augmenté (guerre d'Amérique, constructions de prestige, entretien de la Cour) les recettes, pourtant considérables, sont insuffisantes.

– *La solution consisterait à faire payer l'impôt direct, la taille, aux privilégiés.*

– Quelles sont les couches sociales où l'on trouve une convergence entre richesse et pouvoir?

L'absolutisme et les privilèges laissent le tiers-état hors de l'Etat.

Extrait d'une brochure publiée en janvier 1789 par un député aux Etats Généraux, l'abbé Siéyès:

«Qui oserait dire que le tiers-état n'a pas en lui tout ce qu'il faut pour former une nation complète?... Si l'on ôtait l'ordre privilégié, la nation ne serait pas quelque chose de moins, mais quelque chose de plus. Qu'est-ce que le tiers-état? Tout, mais un tout entravé et opprimé. Que serait-il sans l'ordre privilégié? Tout, mais un tout libre et florissant.»

D'après ce texte, que propose l'abbé Siéyès?
Etes-vous de son avis?
Faisait-il partie du tiers-état? (Voir page 6.)

Vers la fin du 18e siècle

L'approche de temps nouveaux

ETUDE

L'Ancien Régime est mis en question par la montée de l'esprit nouveau.

Etude de documents

1 «Tout serait perdu si le même homme ou le même corps des principaux, ou des nobles ou du peuple exerçait ces trois pouvoirs: celui de faire les lois, celui d'exécuter les résolutions publiques et celui de juger des crimes ou les différends des particuliers». L'esprit des lois. Livre VI; Montesquieu

2 «Aucun homme n'a reçu de la nature le droit de commander aux autres. La liberté est un présent du ciel et chaque individu... a le droit d'en jouir... Le prince tient de ses sujets mêmes l'autorité qu'il a sur eux... Le prince ne peut donc pas disposer de son pouvoir et de ses sujets sans le consentement de la nation.»

Diderot. L'autorité, l'Encyclopédie

– D'après les textes 1 et 2, Montesquieu et Diderot étaient-ils d'accord avec le pouvoir absolu du roi? Quel est le danger de ce pouvoir?

– *Recherche:* La répartition des pouvoirs en France de nos jours.

Un Anglais, Young, effectuant un voyage en France, peu avant la Révolution, a noté les faits suivants:

3 «Une institution courante dans les villes commerçantes de France... est une chambre de lecture... (comprenant) comme à Nantes, trois salles: une pour la lecture, une pour la conversation, la dernière pour la bibliothèque; en hiver on y fait du feu et il y a des bougies...»

4 «(Une) faim de lire des brochures politiques s'est, dit-on, répandue dans les provinces à tel point que toutes les presses de France sont occupées (à celà). Les 19/20e de cette production sont en faveur de la liberté et généralement violents contre le clergé et la noblesse...»

5 «Les cafés du Palais-Royal présentent un autre spectacle encore plus singulier et étonnant; non seulement l'intérieur est comble, mais la foule se presse aux portes et aux fenêtres et écoute... certains orateurs qui, montés sur des tables ou des chaises, ont chacun leur petit auditoire.»

«Voyages en France»

– Une véritable «fureur d'apprendre» s'est emparée de la société. Relever les passages qui le montrent dans les documents 3, 4 et 5.

6 La diffusion de l'esprit nouveau. Elle se fait par les journaux, les salons, les clubs et même le théâtre. La parution de l'Encyclopédie de 1751 à 1772 a contribué à cette diffusion, car on y trouvait l'ensemble des connaissances et des idées de l'époque. Elle se fait aussi par l'enseignement. Si l'enseignement primaire a peu évolué, celui des collèges se modernise; l'actualité y pénètre: A Juilly (Seine-et-Marne) on entretient les élèves «autant de la guerre d'Amérique, des exploits de Washington ou de La Fayette que des «Odes d'Horace».»

– Etablir la liste des supports de l'esprit nouveau.

7 La liberté sous l'Ancien Régime était-elle celle dont parle Voltaire dans le texte suivant: «La liberté consiste à ne dépendre que des lois... Sur ce pied, chaque homme est libre aujourd'hui en Suède, en Angleterre, en Hollande, en Suisse, à Hambourg... mais il y a encore des provinces et de vastes royaumes chrétiens où la plus grande partie des hommes est esclave...»

– Où doit-on inscrire la France dans cette énumération?

«Le meilleur gouvernement semble être celui où toutes les conditions sociales sont également protégées par les lois.»

– Etait-ce le cas en France en 1788?

– Est-ce le cas aujourd'hui?

8 La révolte des colonies américaines contre leurs maîtres anglais entre 1776 et 1783, va avoir d'importantes répercussions en France.

Dès 1774, les treize colonies revendiquent le droit de se gouverner elles-mêmes; les Anglais refusent; la «Guerre d'Indépendance» commence en 1776 avec l'aide des Français. Au cours des affrontements, les Américains, réunis en Congrès, votent une Déclaration d'Indépendance qui débute ainsi: «Nous tenons ces vérités évidentes par elles-mêmes: que tous les hommes naissent égaux; que leur créateur les a dotés de certains droits inaliénables, parmi lesquels la Vie, la Liberté et la recherche du Bonheur; que, pour garantir ces droits, les hommes instituent des gouvernements dont le juste pouvoir émane du consentement des gouvernés...»

– De quels textes pouvez-vous rapprocher cette Déclaration?

L'indépendance des «Etats-Unis d'Amérique» sera consacrée en 1783, à Versailles, par un traité de paix, après la capitulation des Anglais en 1781.

C'est le général de La Fayette qui conduisait le premier bataillon de volontaires venu au secours des Américains; le premier Président américain sera George Washington. Une Constitution est élaborée, grâce à laquelle ils deviendront un grand Etat démocratique.

– Quelle preuve et quelle assurance, la victoire américaine apporte-t-elle aux Français de 1788?

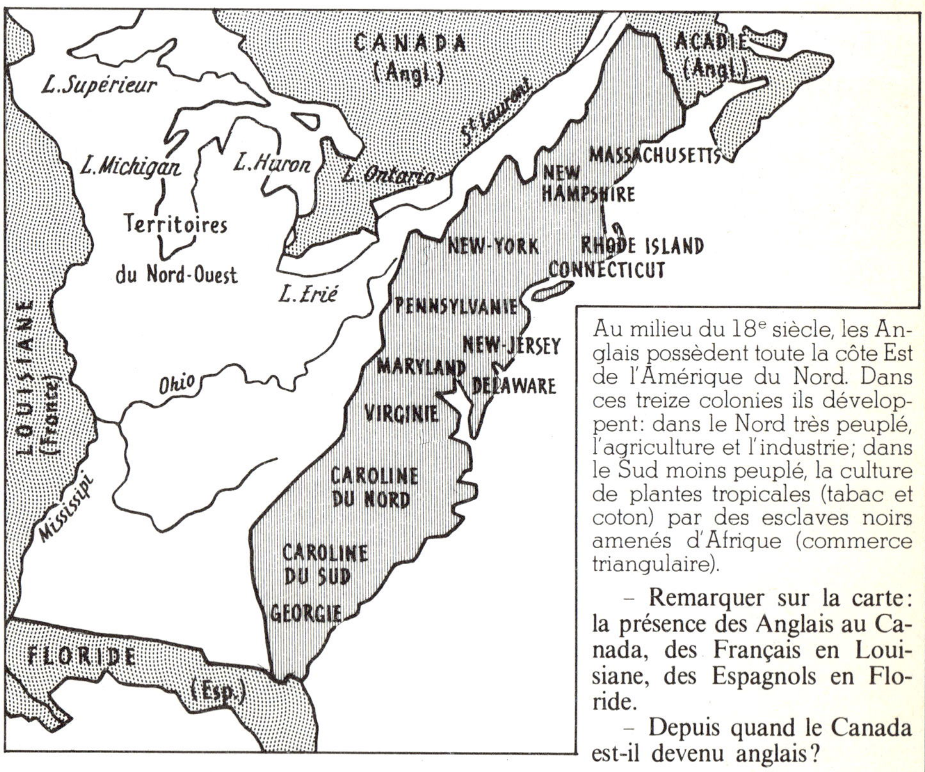

Au milieu du 18e siècle, les Anglais possèdent toute la côte Est de l'Amérique du Nord. Dans ces treize colonies ils développent: dans le Nord très peuplé, l'agriculture et l'industrie; dans le Sud moins peuplé, la culture de plantes tropicales (tabac et coton) par des esclaves noirs amenés d'Afrique (commerce triangulaire).

– Remarquer sur la carte: la présence des Anglais au Canada, des Français en Louisiane, des Espagnols en Floride.

– Depuis quand le Canada est-il devenu anglais?

En France, pourra-t-on longtemps repousser les réformes nécessaires?

Avec le règne de Louis XVI

Le déclin de l'Ancien Régime

Les chances du changement nécessaire sont sans cesse compromises.

Les débuts du règne de Louis XVI sont prometteurs : le gouvernement est composé d'hommes intelligents, perspicaces et désireux de réussir dans la voie des réformes.

Turgot, Contrôleur Général des Finances, prend une série de mesures destinées à améliorer l'état des finances :

– En 1774, il décrète la *libre circulation des grains* entre les régions, afin d'enrayer les disettes et de régulariser les prix agricoles. Malheureusement, les récoltes sont médiocres depuis 1766 et celles de 1775 sont très mauvaises.

> Des émeutes éclatent. Les spéculateurs se déchaînent.

– *Il supprime les corporations* dont les règlements trop stricts engendrent la routine, freinent le progrès économique et gênent l'accès des compagnons aux métiers de leur choix et aux postes de maîtrise que les patrons réservent à leurs propres enfants.

> Il se heurte à l'hostilité des patrons de l'artisanat qui perdent ainsi de gros avantages.

– *Il supprime la corvée royale,* car, dit-il, « le poids de cette charge ne tombe et ne peut tomber que sur la partie la plus pauvre de nos sujets… C'est aux propriétaires que les chemins publics sont utiles, par la valeur que les communications multipliées donnent aux productions de leurs terres… (Ce sont eux) qui en retirent les intérêts. »

> Il se heurte à l'hostilité des gros propriétaires du sol, nobles et bourgeois.

– Il projette de *supprimer de nombreux offices* inutiles et coûteux, de *réduire les dépenses de la Cour* et d'établir *un impôt payé par tous* suivant les ressources de chacun.

> Il se heurte à l'hostilité des hauts fonctionnaires (nobles et bourgeois) et aux privilégiés.

Louis XVI n'a pas l'autorité nécessaire pour imposer ces réformes; Turgot est renvoyé en 1776.

Necker, un banquier genevois, le remplace.

– Pour équilibrer le budget, il a recours à *l'emprunt,* ce qui règle mal les problèmes financiers.

– Pour inciter le roi à *diminuer les pensions payées aux nobles,* il publie un « Compte rendu au roi » qui montre, à tous, le poids que fait peser l'entretien de la Cour sur les finances de l'Etat.

– Comme Turgot, il demande *une refonte du système fiscal.*

Il est renvoyé en 1781.

> Les grands personnages lui vouent une haine farouche.
>
> Tous les privilégiés protestent énergiquement.

Ses successeurs (Calonne, Brienne) reprennent les projets de Turgot.

A leur tour, ils sont renvoyés.

La situation va se dégrader rapidement. Nous sommes en 1788.

> Les réformes sont abandonnées.

Le mécontentement est général.

Une « lettre de cachet » de Louis XV.

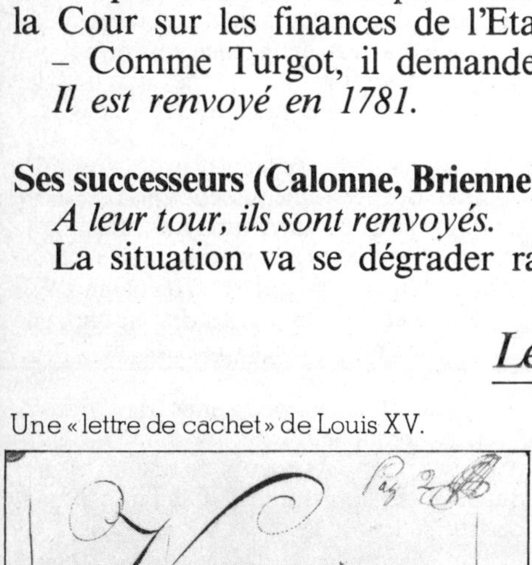

Mons. de Jumilhac mon intention étant que le nommé Hugonet soit conduit en mon chateau de la Bastille, je vous écris cette lettre pour vous dire que vous ayez à le recevoir lorsqu'il y sera amené, et à le garder et retenir jusqu'à nouvel ordre de ma part. La présente n'étant à autre fin je prie Dieu qu'il vous ait Mons. de Jumilhac en sa sainte garde. Ecrit à Versailles le treize Janvier 176[illegible]

Louis

Photo Bulloz (Carnavalet)

Par une simple « lettre de cachet », le roi peut faire emprisonner qui il veut.

La noblesse, inquiète, accuse le pouvoir d'incapacité; elle veut imposer au roi une Constitution, à son profit, bien entendu.

Les magistrats élèvent des protestations contre le roi.

Les notables de province se déchaînent contre la Cour. Ils décident une grève de l'impôt, jusqu'à une réunion des Etats Généraux.

Depuis plusieurs années, les grands débats au sujet des réformes ont largement informé les rôturiers : ils savent qu'ils sont les seuls à supporter le poids essentiel de l'impôt et sont de moins en moins consentants devant cette injustice.

En 1787 et 1788, les récoltes sont mauvaises. Un rude hiver bloque rivières et moulins et gêne le ravaitaillement des villes. Les prix montent rapidement.

Dans les campagnes des bandes errantes menacent les greniers et les transports de grains.

Dans les villes, des émeutes éclatent.

Dès le printemps 1788, la révolte se répand en Normandie, en Bretagne, en Alsace et en Franche-Comté.

Le roi fait annoncer la réunion des Etats Généraux pour le 1er Mai 1789, afin d'apaiser les esprits, mais surtout dans l'espoir de faire voter de nouveaux impôts.

– Résumer les motifs du mécontentement.

La préparation des États Généraux

Qu'appelait-on « Etats Généraux » ?

Les Etats Généraux existent depuis le Moyen Age ; c'est une assemblée de députés élus par les trois « ordres » ; elle se réunit dans les moments de crise grave. Les derniers remontent à 1614, après la mort d'Henri IV.

Les députés y votent « par ordre » quel que soit le nombre des représentants de chacun d'eux, ce qui donne :

clergé + noblesse = 2 voix
tiers-état = 1 voix

Ainsi les privilégiés ont toujours la majorité. On pense qu'il y a eu environ 578 députés pour le tiers-état, 291 pour le clergé (dont 200 curés qui partagent les idées du tiers-état) et 270 pour la noblesse, dont un tiers environ a des idées libérales.

A Versailles, votera-t-on par « ordre » ou par « tête », ce dernier terme signifiant que tous les députés présents voteront.

– Quel serait l'avantage du vote par « tête » pour le tiers-état ?

Un document intéressant de l'Imprimerie Royale, en 1789, sur la composition des députés du tiers-état :

226 avocats
87 juges
32 procureurs
10 notaires
72 propriétaires terriens
57 négociants
116 professions libérales (médecins, receveurs...)
6 laboureurs
4 petits boutiquiers : 2 libraires, 1 orfèvre, 1 imprimeur
3 curés, dont l'abbé Siéyès

– Quelles sont les classes sociales qui ne sont absolument pas représentées ?
– Et pourtant, quelle est la classe qui, en nombre, domine le tiers-état ?
– Quelle est la classe qui représentera essentiellement les rôturiers ? (faire le total des « hommes de loi »).

Leur préparation est un événement.

On entreprend, dès le début de 1789, dans chaque paroisse, chaque ville, chaque circonscription, la rédaction de « cahiers de doléances », dans lesquels chacun exprime ses plaintes et ses souhaits ; ils doivent ensuite être remis au roi par l'intermédiaire des députés.

Pour la première fois les Français reçoivent la parole. Ils en profitent en *s'exprimant massivement* dans ces cahiers qui demeurent un *impressionnant témoignage collectif ;* chacun espère, par ce moyen, apprendre au roi des choses qu'il ignore peut-être sur le malheur de ses sujets.

– Après avoir lu les extraits de cahiers, dites si, à votre avis, le tiers-état va se contenter d'exécuter le désir du roi qui est de voter de nouveaux impôts ?

Plaintes et vœux à travers quelques cahiers de doléances.

« La longueur et les frais ruineux des procès nous obligent chaque jour à nous laisser frustrer et même dépouiller d'une portion ou en totalité de nos biens, droits et prétentions... Il conviendrait de simplifier la justice et de mettre des bornes tant à sa lenteur qu'à ses frais. »

Cahier de la paroisse de Pruniers (Sologne)

« Nous, paroissiens de Chennevières-sur-Marne, pour nous conformer à la lettre et au règlement du Roi..., pour la convocation des Etats Généraux, nous nous sommes assemblés aujourd'hui 14 avril 1789... pour dresser le cahier de plaintes et doléances et nommer les députés pour porter le dit-cahier aux lieux et jours indiqués, conformément...
– Demander la suppression de la gabelle,... des corvées soit en nature, soit en argent.
– Demander qu'il soit accordé aux propriétaires des prés, luzernes et sainfoins, le droit d'en faire la récolte quand ils le croient nécessaire.
– Demander la destruction de 6 à 7 colombiers dans la paroisse...
– Demander qu'il y ait mêmes poids et mesures dans tout le royaume...

Cahier de Chennevières/Marne (Val de Marne)

« *Des droits des seigneurs*
Tous les droits ayant pour objet des services... envers les seigneurs, curés et tous autres... seront supprimés, ainsi que les redevances représentatives de ces droits.
Toutes banalités de fours, moulins, pressoirs, banvins (droit qu'avait le seigneur de vendre, seul, le vin nouveau dans sa seigneurie, 30 à 40 jours après les vendanges) et autres seront abolies. »...
La tenue des Etats Généraux sera fixée à des époques déterminées par eux-mêmes. »

Cahier du Baillage de Dole

60.000 cahiers ont été rédigés en toute liberté, avant le printemps 1789. Comment sont-ils arrivés à Versailles ?

(le schéma se lit de bas en haut)

à Versailles
↑
ce cahier est transmis par le député délégué de l'assemblée électorale
↑
cette assemblée rédige à son tour un cahier, qui résume ceux apportés par les délégués des paroisses et petites villes
↑
l'assemblée électorale de la circonscription (bailliage dans le Nord, sénéchaussée dans le Sud) recueille ces cahiers
↗ ↖

Dans les paroisses (villages) l'assemblée de la paroisse rédige un cahier.	*Dans les villes* un cahier est rédigé : – à partir du cahier des corporations – à partir du cahier de quartier

(d'après la Documentation Photographique n° 6047, (1980)

« Nous n'avons même pas la liberté de détruire les corbeaux si destructeurs de la production de nos terres. »

Cahier de la paroisse de Croissy-en-Brie

« Il serait à souhaiter que quelques droits de seigneurs fussent abolis. Ils regardent leurs fermiers qui font valoir leurs terres comme de vrais valets, le laboureur qui les nourrit comme un esclave ; si un journalier à leur service succombe sous le faix, ils en sont moins touchés que d'un de leurs chevaux qui périt dans l'écurie...

... Il serait aussi bien à propos que les députés du tiers-état fussent choisis parmi les habitants de la campagne plutôt que parmi ces bourgeois des villes sans connaissance... et qui se croient en droit de marcher sur les traces des nobles. »

Cahier de la paroisse craonnaise de Gastines

« Pourquoi ces peuplades de lapins... (qui) exercent leurs dégâts dans les campagnes... Les possesseurs de ces terres sont des seigneurs puissants... (Ces lapins) fournissent leurs tables. »

Cahier de Saint Vaast-la Hougue, Manche

« Il sera solennellement reconnu que la nation seule a le droit de s'imposer, c'est-à-dire d'accorder ou de refuser les subsides, d'en régler l'étendue, l'emploi, l'assiette, la répartition, la durée...
L'Assemblée demande que la liberté civile soit pleinement assurée et les lettres closes ou de cachet abolies pour jamais...
Que la liberté de la presse soit établie et qu'on puisse, sans visa ni permission, imprimer et faire imprimer toutes sortes d'écrits...

Cahier du tiers-état du bailliage de Nancy

Travail. Quelles sont les plaintes et désirs exprimés ?

En 1789, une grande aventure

Les États Généraux

Photo Giraudon (B.N.)

Cette grande salle, à Versailles, pouvait contenir 1200 personnes et 2000 «spectateurs» pouvaient trouver place dans les galeries, visibles sur la photo.

Les députés du clergé sont à gauche de la photo, ceux de la noblesse à droite, tous en habits de Cour, installés dans de confortables fauteuils. Les députés du tiers-état sont au fond de la salle (au premier plan sur la photo), assis sur d'inconfortables banquettes et habillés d'un sobre costume noir.

Le 5 mai 1789, les Etats Généraux sont officiellement ouverts par le roi.

Les députés du tiers-état demandent que chaque député présent ait le droit de voter (vote par «tête»). Une partie des députés du bas-clergé se range à leurs côtés.

Les privilégiés ont perdu la majorité. A partir de là, tout va aller très vite.

Le conflit éclate entre le tiers-état et le roi.

Ce dernier veut que l'on vote de nouveaux impôts; l'objectif du tiers-état est de faire aboutir les réformes demandées dans les cahiers de doléances.

Les députés majoritaires refusent de s'occuper en premier du problème financier. Ils décident de *préparer une Constitution* pour limiter les pouvoirs du roi, et le 17 juin, ils se proclament *Assemblée Nationale;* le 20, ils jurent de ne pas se séparer avant d'avoir donné une constitution au royaume.

Peu énergique, débordé par les événements, Louis XVI laisse faire.

Deux pouvoirs s'affrontent désormais: celui du tiers qui dit représenter «la nation» et celui du roi.

Le triomphe du tiers-état.

Des nobles libéraux et de nouveaux députés du clergé se sont joints au tiers-état.

Le 24 juin, l'Assemblée Nationale se proclame *Constituante.*

C'est la naissance d'*une nouvelle souveraineté,* celle de la nation et ce sera bientôt la fin de la monarchie.

Sans se rendre compte ni de son importance ni de ses conséquences, Louis XVI accepte le fait révolutionnaire.

Une première révolution pacifique vient d'avoir lieu. Pas une goutte de sang n'a été versée.

La justice fait pencher la balance du côté du tiers-état.

Photo Giraudon (Carnavalet)

Les grandes journées de la Révolution

Les premières violences

En secret, pour prévenir les désordres possibles, le roi appelle des troupes qui se concentrent autour de Paris. La population parisienne croît à un complot des privilégiés. Pour se défendre elle crée à l'Hôtel de ville *une milice bourgeoise,* la « garde nationale ».

Le 14 juillet 1789, la garde nationale se rend à la Bastille, vieille prison d'Etat, pour se procurer des armes et des munitions. La Bastille était peu défendue et ne contenait que quelques prisonniers, mais était le triste symbole du régime.

Elle est prise d'assaut ; son gouverneur est tué ; elle sera démolie.

Une anecdote

Louis XVI mentionnait dans un journal intime les événements de chaque journée. Or, à la date du 14 juillet, il a inscrit : « Rien. »

Au soir du 14, la nouvelle n'était donc pas encore parvenue à Versailles.

Informé au cours de la nuit de la prise de la Bastille, le roi s'écrie : « Mais c'est une révolte ? » ; son informateur lui répond : « Non, Sire, c'est une révolution »

– Etablir la différence de sens entre les deux noms.

Le drapeau tricolore

Très ému par la prise de la Bastille, le roi se soumet. Il se rend à l'Hôtel de Ville où il accepte la cocarde tricolore dans laquelle le blanc, couleur de la royauté, s'allie au rouge et au bleu, couleurs traditionnelles de Paris ; elle devient l'emblême national.

Le 14 juillet 1790, pour l'anniversaire de la prise de la Bastille, une grande fête est célébrée à Paris en présence du roi et des députés de l'Assemblée Nationale.

Le peuple de Paris s'empare de la Bastille.

La situation se dégrade rapidement.

Peu rassurés, les grands de la Cour ont commencé à partir à l'étranger ; *l'émigration* commence.

De nombreuses villes, imitant Paris, deviennent des municipalités révolutionnaires et organisent des gardes nationales.

Dans les campagnes, les paysans prennent les armes ; des bandes errantes sèment la terreur, brûlant des châteaux, rançonnant les riches. Il faut réagir.

Le pouvoir n'est plus entre les mains du roi.

L'ampleur du mouvement paysan inquiète l'Assemblée qui, à l'unanimité, propose *l'abolition des privilèges ;* dans **la nuit du 4 août**, elle est adoptée dans un enthousiasme indescriptible.

De nouveaux principes pour une France nouvelle.

Le 26 août 1789, est votée **la Déclaration des droits de l'homme et du citoyen** qui établit de nouvelles bases :

I. Les hommes naissent et demeurent libres et égaux en droits,...

II. Le but de toute association politique est la conservation des droits naturels et imprescriptibles (1) de l'homme. Ces droits sont la liberté, la propriété, la sûreté et la résistance à l'oppresseur.

III. Le principe de toute souveraineté réside essentiellement dans la nation.

VI. La loi est l'expression de la volonté générale... Elle doit être la même pour tous.

X. Nul ne peut être inquiété pour ses opinions, même religieuses....

– Quels sont les principes nouveaux qui remplacent ceux de l'Ancien Régime ?

(1) qu'on ne peut supprimer.

Le 5 et 6 octobre les femmes du peuple de Paris marchent en cortège sur Versailles afin de ramener le roi à Paris où le chômage, la vie chère, le manque de ravitaillement, de pain surtout, rendent la situation explosive.

Elles espèrent que la présence du roi permettra un meilleur ravitaillement de la capitale.

Les impôts de l'Ancien Régime sont abolis.

Le mot lui-même disparaît. Désormais les « Contributions » sont payées par tous les citoyens en proportion de leurs ressources.

Les servitudes et les droits seigneuriaux sont supprimés ou rachetés. Tous *les emplois* sont accessibles à tous. Les corporations sont supprimées.

Les douanes intérieures et les péages sont supprimés

Une expérience monétaire, l'assignat.

En novembre 1789, *les biens de l'Eglise sont mis à la disposition de la nation,* pour remédier aux difficultés financières.

Devenus « biens nationaux » ils sont vendus aux enchères par les communes. Parallèlement l'Etat met en vente *des assignats,* sorte de bons qui représentent la valeur des biens nationaux et permettent de les acheter.

De vastes domaines sont ainsi morcelés et passent aux mains de milliers de nouveaux propriétaires, riches bourgeois surtout et paysans aisés, car les lots sont importants.

Un assignat.

Le nouveau régime et ses difficultés

En 1791, l'Assemblée donne à la France sa première Constitution.

Elle décrète la Nation souveraine et fixe les pouvoirs du roi et ceux des représentants de la Nation:
- l'assemblée vote les lois, les impôts et peut, seule, déclarer la guerre;
- le roi est chargé de faire appliquer les lois et de nommer les ministres;
- la justice n'est plus rendue au nom du roi mais au nom de la Nation, par des magistrats et un jury élus.

Les Français ne sont plus les «sujets» du roi mais des «citoyens». La France est devenue une monarchie constitutionnelle.

Mais le système électoral exclut 40% des français. Seuls, *les citoyens actifs* qui paient un impôt au moins égal à 3 journées de travail ont le droit de vote, les autres, ou *citoyens passifs,* ne votent pas.

Elle donne à la France une unité administrative.

Notre pays est divisé en *83 départements* de superficie à peu près égale et calculée de telle sorte que chacun de ses habitants puisse se rendre à la ville principale (à peu près au centre du département, et en revenir en une journée de voiture à cheval, afin d'y prendre connaissance de la loi.

Le département est divisé en districts, les districts en communes.

Aperçu de la diversité administrative entre les régions avant 1789:

«On ne peut faire un pas dans ce vaste royaume sans y trouver des lois différentes, des usages contraires, des privilèges et des prétentions de toutes espèces... Cette dissonance générale complique l'administration et multiplie partout les frais et le désordre.»

Discours de Calonne, l'un des derniers ministres de Louis XVI

1. Etablir la différence entre le pouvoir sous l'Ancien Régime et le nouveau pouvoir.
2. Qui, du roi ou de la nation, a désormais le plus d'importance?
3. Etude rapide de la répartition des pouvoirs aujourd'hui.

Chercher dans le dictionnaire ce qu'étaient: les baillages, généralités, seigneuries, sénéchaussées et évêchés.

La Révolution connaît de graves difficultés.

Des problèmes politiques importants: l'échec des assignats n'a pas résolu les problèmes financiers; des problèmes religieux s'y ajoutent: le clergé devenu fonctionnaire, doit prêter serment à la Constitution, beaucoup de prêtres refusent.

La trahison du roi: dans l'espoir de rétablir la monarchie absolue, le roi s'enfuit pour rejoindre les officiers émigrés qui ont formé une petite armée à la frontière du Rhin. Le roi souhaite une guerre qui entraînerait l'échec de la Révolution.

La division des révolutionnaires: certains veulent maintenir la monarchie constitutionnelle, d'autres demandent la destitution du roi et la proclamation de la République.

Des menaces de guerre: L'Autriche et la Prusse se déclarent prêts à intervenir pour restaurer les pouvoirs de Louis XVI. Dans le même temps, la Vendée restée attachée à la royauté, organise une farouche résistance à la Révolution.

Au cours du printemps et de l'été 1792, aux frontières, les premières batailles sont des échecs.

Le roi, reconnu, est ramené à Paris.

Photo Giraudon (Carnavalet)

Naissance d'un mouvement populaire à Paris.

A Paris, c'est l'affolement. Des gens du peuple, tous citoyens passifs (modestes artisans, petits boutiquiers, ouvriers, indigents), s'arment de piques, se coiffent du bonnet rouge et se réunissent en *sections* dans des *assemblées de quartier,* prêts à toute éventualité.

Ils prennent le nom de «sans culottes» par ce qu'ils ne portent pas, comme les nobles et les bourgeois, la culotte courte et les bas de soie, mais un pantalon long.

En juin 1792, les citoyens passifs entrent en masse dans les 48 «assemblées de sections» et dans les bataillons de la garde nationale, réservés jusque-là aux bourgeois aisés.

Ils veulent que l'Assemblée dirige seule la France, sans le roi.

L'insurrection gronde; la déchéance du roi est demandée.

Un «sans-culottes».

Photo Edimedia (B.N.)

Le bonnet rouge, coiffure des esclaves affranchis, devient l'emblème de la liberté. Le terme de «citoyen» remplace celui de «Monsieur» et le tutoiement se généralise, le «vous» étant contre le droit à l'égalité.

Réflexion

Pour la première fois les Français ont le droit de vote; mais peut-on dire que «le suffrage universel» soit vraiment établi?

Aujourd'hui, il suffit d'avoir 18 ans et d'être inscrit sur une liste électorale pour avoir le droit de voter.

Etablir la différence.

Le peuple de Paris passe à l'action

Etude des documents

L'ardeur patriotique:

... aujourd'hui le peuple français, fier d'avoir une patrie et de combattre enfin pour lui-même, se prépare avec ardeur à une guerre qui doit venger son honneur, et établir à jamais sa liberté.»

Extrait du journal «Le patriote français» n° 989 du 24 avril 1792

Juillet 1792. Proclamation de l'Assemblée.

«Des troupes nombreuses s'avancent vers nos frontières; tous ceux qui ont horreur de la liberté s'arment contre notre Constitution. Citoyens! La patrie est en danger.»

– D'où vient ce danger qui menace la France?

La patrie est en danger.

Les armées autrichiennes et prussiennes s'avancent sur la Champagne et convergent vers Paris. La guerre est portée sur le sol national.

A la suite de la proclamation, en quelques jours 15000 Parisiens s'engagent. *De nombreux bataillons* se forment sur tout le territoire et viennent rejoindre les premiers bataillons de 1791 pour défendre la capitale. C'est au cours de leur marche sur Paris que les «volontaires» marseillais, au cri fameux: «Aux armes citoyens!» feront connaître le nouveau chant de guerre composé en une nuit par le jeune capitaine Rouget de Lisle et que l'on appelle depuis «La Marseillaise».

Une insurrection populaire met fin à la royauté.

Dans la nuit du 9 au 10 août, les dirigeants des 48 sections parisiennes se rendent à l'Hôtel de ville, renversent la Commune légale et constituent *une Commune Insurrectionnelle* qui, avec à sa tête les jeunes députés Danton, Marat, Robespierre, est prête à prendre des décisions.

Le 10 août, la foule armée se rend aux Tuileries et s'en empare. Les députés ne sont plus maîtres de la situation.

Le roi est arrêté et emprisonné avec sa famille à la prison du Temple. *La monarchie vieille de tant de siècles n'est plus.* Une nouvelle assemblée est élue. C'est *la Convention.*

Le formidable élan patriotique des «Volontaires» *sauve le pays et la Révolution.*

Le 20 septembre 1792, une incroyable nouvelle, la victoire de Valmy, suivie par celle de Jemmapes en novembre.

L'armée a été désorganisée par l'émigration de nombreux officiers et les nouveaux promus ignorent le métier des armes.

Cependant, sans expérience mais pleine d'ardeur, dans un formidable élan patriotique, l'armée des Volontaires, «sans armes, sans giberne (1), sans souliers», élisant ses généraux, arrête l'ennemi à *Valmy* puis à *Jemmapes,* sous la conduite des jeunes généraux Dumouriez et Kellerman. Paris est sauvé; la Révolution aussi.

Le 21 septembre, la République est proclamée.

Pour la première fois *l'Assemblée est élue au suffrage universel. Le 21 septembre 1792* les députés de la Convention se réunissent et décrètent, *à l'unanimité, l'abolition de la royauté,* au milieu des transports de joie des députés présents et des auditeurs des tribunes et *la République est proclamée.* Elle met fin à 8 siècles de monarchie. Ses actes seront désormais datés à partir de l'An I de la République.

(1) La giberne était la boîte à cartouches des soldats.

Photo Collection Viollet (B.N.)

La bataille de Valmy en Lorraine.

Valmy ne fut pas une grande bataille, mais, pour la première fois, les Prussiens, stupéfaits, sont stoppés par l'armée française.

A l'issue d'un long procès, la Convention vote la mort du roi. Louis XVI sera décapité le 21 janvier 1793.

Extrait du discours de Robespierre à la Convention le 3 décembre 1792:

«Un roi détrôné..., un roi dont le nom seul attire le fléau de la guerre sur la nation agitée, ni la prison, ni l'exil ne peut rendre son existence indifférente au bonheur public;... Je prononce à regret cette fatale vérité... Mais Louis doit mourir parce qu'il faut que la patrie vive.»

A la fin de 1792, les armées révolutionnaires passent à l'offensive.

Sous la conduite des jeunes généraux Hoche et Jourdain, en quelques semaines, elles occupent la Savoie et la rive gauche du Rhin, puis la Belgique. Tout d'abord accueillies en libérateurs par les populations, elles leur deviennent vite hostiles car la troupe vit sur le pays, et les territoires occupés sont annexés.

Inquiètes, les puissances européennes vont se coaliser contre la France.

Travaux

– Que veut montrer la citation: «sans armes, sans giberne, sans souliers»?

– Comment la victoire de Valmy a-t-elle permis de diffuser en Europe les apports de la Révolution?

– Préparer un exposé montrant que le peuple a joué un rôle décisif dans la chute de la royauté.

– Les souverains européens sont *indignés* par la mort de Louis XVI et *inquiets* des victoires des armées révolutionnaires. Expliquer pourquoi.

– Comment Robespierre justifie-t-il la décision de la mort du roi?

Pour la première fois le peuple est intégré à la Nation.

Le temps de la Terreur

Paris est «le cerveau et le cœur» de la Révolution.

– Tous *les organes du pouvoir* y sont regroupés.

– Des *clubs* et des «*sociétés patriotiques*», centres d'information, de décision et d'action, organisent la vie politique des Parisiens.

– *Les journaux* sont nombreux; ils incarnent les différents courants d'opinion et informent journellement la population.

– Les «*sans-culottes*» constituent une masse agissante de plus en plus efficace.

A nouveau, une situation tragique.

Les monarchies européennes craignent «la contagion révolutionnaire»; elles *se coalisent* contre la France. Les frontières du Sud, du Nord, de l'Est sont forcées; or, l'armée républicaine subit des échecs.

Les paysans vendéens, encadrés par des aristocrates, organisent, contre la République, *un formidable soulèvement* qui s'étend dans tout l'Ouest intérieur et remporte quelques succès.

De nombreux départements réagissent contre l'importance de l'action du peuple parisien, par *de nombreuses révoltes locales.*

A Paris, comme en province, les *problèmes de ravitaillement* entretiennent l'agitation: des «accapareurs» affament le peuple; les boutiques sont vides. Des boulangeries sont prises d'assaut.

Une réunion des membres d'un club à Paris.

Photo Giraudon (B.N.)

Les sociétés patriotiques

«Leur but est d'éclairer les esprits, de propager les lumières et le patriotisme, de réunir les citoyens pour qu'ils exercent, en corps, la surveillance qu'ils doivent exercer chacun séparément et de réunir leurs efforts pour résister plus efficacement à l'oppression..., pour écraser la tyrannie...»

L'Ami du peuple n° 389, 4 mars 1791

Les accapareurs

«La patrie, les négociants n'en ont point. Tant qu'ils ont cru que la Révolution leur serait utile, ils l'ont soutenue; ils ont prêté la main aux sans-culottes pour détruire la noblesse et les parlements, mais c'était pour se mettre à la place des aristocrates... Depuis qu'il n'existe plus de citoyens actifs..., ils ont accaparé les subsistances pour les revendre au poids de l'or et pour nous amener la disette.»

Discours d'Herbert à la Convention

Un gouvernement révolutionnaire établit le régime de la Terreur.

Deux courants d'opinion divisent la Convention: certains députés modérés veulent que l'on respecte les décisions de l'Assemblée; d'autres, plus révolutionnaires, dirigés par Danton, Robespierre, Marat, pensent que la gravité des événements rendent nécessaires des mesures exceptionnelles. Soutenus par les sans-culottes, ils mettent en place, en juin 1793, *un régime exceptionnel de Salut public.*

Ce gouvernement révolutionnaire centralise tous les pouvoirs:

– *Il dirige la vie économique:* il bloque le prix des denrées, puis le montant des salaires; il réquisitionne les grains dans les campagnes pour ravitailler l'armée et les villes. Les accapareurs seront mis à mort. Une aide sociale est accordée aux plus pauvres.

– *Une politique de terreur restreint les libertés:* Les adversaires de la Révolution sont pourchassés, déclarés «suspects» et condamnés à la guillotine. Par lugubres charretées, suspects et coupables sont entraînés à l'échafaud, à Paris comme en province.

– *Il organise la défense nationale:* Un décret organise la mobilisation de tous les Français par la «levée en masse» qui met sur pieds, en quelques semaines, une armée de 800000 hommes dont la qualité essentielle reste l'ardeur au combat et la conviction qu'elle se bat pour la liberté des peuples.

Les succès militaires de cette jeune armée permettent de repousser l'invasion et de vaincre les insurrections royalistes à l'intérieur. La République est sauvée.

En 1794. La Convention évolue vers un régime plus modéré.

Le pays supporte mal une révolution aussi sanglante; le Comité de Salut public est renversé; Robespierre, Saint Just, Danton et leurs amis sont guillotinés à leur tour, sans jugement. C'est la fin de la Terreur et l'abandon des mesures favorables aux plus pauvres.

Extrait du décret sur la levée en masse:

Art. 1: Les jeunes gens iront au combat, les hommes mariés forgeront les armes,... les femmes feront des tentes et des habits,... les enfants et les vieillards recueilleront le salpêtre des caves (pour la fabrication de la poudre)

Art. 8: La levée sera générale: les citoyens de 18 à 25 ans mariés ou veufs sans enfants marcheront les premiers.»

Le peuple de Paris est désarmé. La garde nationale ne sera plus composée que de bourgeois aisés comme en 1789.

Le Tribunal révolutionnaire est supprimé.

La démocratie s'affaiblit; de nouvelles élections auront lieu.

La France ne retrouvera pas de sitôt la République.

Remarque

Après le 10 août 1792 (V. p. 10) sous la pression du peuple de Paris, les députés ont décidé d'élire, *au vrai suffrage universel,* une nouvelle assemblée, la Convention; il n'y a donc plus de citoyens passifs.

La Convention établit *la République* le 21 septembre 1792. Cette 1ere République sera de courte durée.

En 1795

Un nouveau régime, le Directoire

La Convention cède au Directoire une situation difficile.

Les élections ont mis en place un nouveau gouvernement. Il a à sa tête *cinq Directeurs* et *deux Assemblées. Le peuple en est écarté;* pour voter il faut justifier d'un certain montant de ressources. C'est donc la bourgeoisie qui reprend le pouvoir.

Le désordre est partout.

– Que montrent les textes suivants ?

On relève dans un journal du 2 mai 1795: «Jamais… les groupes dans Paris n'ont été aussi nombreux, ni aussi échauffés… Les citoyens que la faim et la misère aigrissent s'excitaient à aller en masse demander du pain à la Convention.»

Messager du soir 2 prairial, An III

Circulaire du 12 février 1796:

«Le fonctionnaire, l'employé ou salarié du gouvernement, recevra une livre de pain par jour pour lui seul, et une demi-livre pour sa femme et chacun de ses enfants au-dessous de 16 ans et vivant avec lui.»

24 pluviose, An IV

Un muscadin, une merveilleuse.

Photo Giraudon (Carnavalet)

L'Etat connaît de grandes difficultés.

L'administration n'arrive pas à faire rentrer les impôts. L'Etat ne sait comment payer ses fonctionnaires; la guerre continue et le peuple a faim.

Plus d'écoles, des hôpitaux délabrés.

Les commerçants ferment leurs portes faute de marchandises. *Artisans* et *industriels* licencient leurs ouvriers.

Les transports sont inexistants: A Paris au bureau des diligences, une inscription résume la situation: «Part quand il peut». Et, quand on «peut» partir c'est à ses risques et périls: chemins défoncés, attaques et pillage par des bandes armées attendent les voyageurs téméraires, quand ça n'est pas la mort.

Proclamation du général Bonaparte à ses soldats en mars 1796:

«Soldats vous êtes nourris, le gouvernement vous doit beaucoup, il ne peut rien vous donner… Je veux vous conduire dans les plus fertiles plaines du monde… Vous y trouverez honneur, gloire et richesse…»

La misère côtoie l'opulence.

La misère

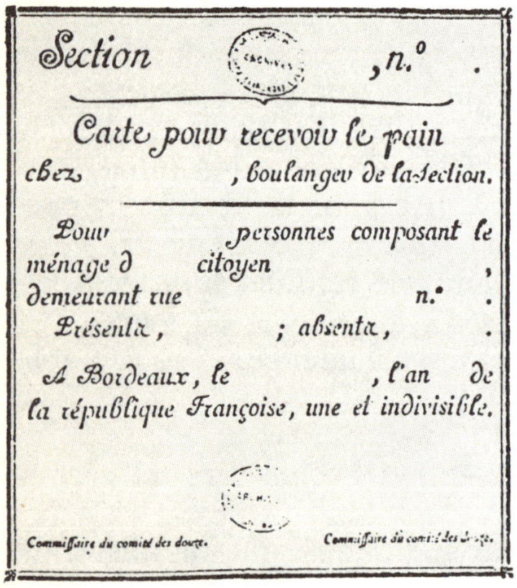

Section , n.°

Carte pour recevoir le pain chez , boulanger de la section.

Pour personnes composant le ménage d citoyen demeurant rue n.° Présents, ; absents, .

A Bordeaux, le , l'an de la république Françoise, une et indivisible.

Commissaire du comité des douze. Commissaire du comité des douze.

La carte de rationnement.

Extrait d'un rapport de police de 1795:

«… la faim, le froid moissonnent tous les jours des milliers de malheureux; on ne voit que cercueils; l'opulence fait, à côté, un contraste déchirant.»

Les intempéries s'ajoutent aux désordres intérieurs et à ceux de la guerre; on connaît, à nouveau, la disette. Dès l'aube, de longues queues s'étirent devant les boutiques. Il faut une carte de rationnement pour acheter du pain. Les prix augmentent.

L'opulence

Une vie agréable dans la société aisée. Remarquer les beaux meubles, les tapis, la décoration luxueuse.

Photo Bulloz (Carnavalet)

A la tête du gouvernement, on trouve des révolutionnaires enrichis qui trafiquent sur tout: le ravitaillement, la fourniture aux armées, la monnaie.

Quelques milliers de «spéculateurs» édifient de la même façon de scandaleuses fortunes et mènent «grand train».

Dans Paris et dans les grandes villes on assiste à une frénésie de plaisir: les bals et les réceptions se multiplient; on mange, on boit; chaque jour, à Paris, s'ouvre un nouveau restaurant; les cafés ne desemplissent pas.

La mode devient extravagante.

La France est prête pour Bonaparte.

L'ensemble de cette situation alarmante met le gouvernement:

– d'abord *aux mains des financiers* qui lui prêtent de l'argent;

– ensuite, *entre les mains des généraux* capables, par leurs victoires, de remplir les caisses de l'Etat grâce aux contributions levées sur les pays occupés et d'assurer le calme intérieur.

En 1799 la grande Révolution est terminée

Le Consulat succède au Directoire

Un homme exceptionnel, Bonaparte.

Sous la Convention et le Directoire, les guerres contre l'Europe ont continué. Elles ont donné une grande importance à l'armée et aux généraux victorieux.

Le général Bonaparte qui remporte de brillantes victoires en Italie, apparaît bientôt comme *l'homme capable de ramener l'ordre et la paix.*

Ses premières victoires l'auréolent d'une légende d'invincibilité. Il est adoré de ses soldats qui entretiennent sa popularité. Une *mémoire étonnante* lui permet de reconnaître, à la bataille, tel ou tel soldat qui se distingue par sa bravoure. *Une puissance de travail* peu commune, *un grand courage physique, la chance* longtemps fidèle et *une ambition démesurée,* tout le désigne comme un personnage hors du commun.

Il accapare le pouvoir par un coup d'Etat.

Le 18 brumaire, 9 novembre 1799, après avoir obligé les 5 Directeurs à démissionner, l'Assemblée confie le pouvoir à trois Consuls dont Bonaparte soutenu par ses troupes.

Nommé bientôt Premier Consul, Bonaparte va réunir tous les pouvoirs entre ses mains et *diriger seul la France pendant quinze ans.*

L'Etat est dans une situation difficile.

A l'extérieur, les frontières restent menacées; *à l'intérieur,* l'activité économique est médiocre, l'état des finances peu satisfaisant.

Une anecdote: «La situation était telle qu'au soir du 18 brumaire, il fut impossible de trouver les quelques milliers de francs nécessaires pour payer les frais de mission des courriers chargés d'en avertir les provinces et les armées.»

R. Pernoud. Hist. de la Bourgeoisie, T. II

L'armée est devenue un outil de pouvoir.

En 1799, la preuve est faite: la jeune armée a vaincu les redoutables Prussiens, a fait reculer les Russes, annexé pratiquement l'Italie et fait surgir partout des Républiques.

Au feu, jeunes et vieux montrent un courage, une endurance et un entrain exceptionnels. Tous suivront le Premier Consul et bientôt l'Empereur, «avec un dévouement passionné, subissant avec joie l'incroyable ascendant qu'il sait exercer sur eux.»

Naissance du Consulat.
Les grenadiers sont venus soutenir leur général. Leurs baïonnettes effraient les députés récalcitrants; qui se sauvent par les fenêtres. Bonaparte reste maître de la situation.
Le Directoire n'est plus.

Photo Bulloz (B.N.)

Le Premier Consul met en place un nouvel état.

Un préfet sous le Consulat.

«Les préfets... sont l'organe de la loi et les instruments de son exécution.»
(instructions de 1801).

Photo Charmet (Bibl. des Arts Décoratifs)

Bonaparte organise un pouvoir fort et centralisé.

Tout en s'appuyant sur les principes de la Révolution, il crée *un pouvoir personnel et autoritaire.*

– *Il a l'initiative des lois.* Deux assemblées préparent les lois; une troisième, le Sénat les contrôle et choisit les députés. En fait, les choix sont faits par Bonaparte et c'est lui qui prend toutes les décisions.

– *Le suffrage universel subsiste, mais affaibli.* Il sert seulement à établir des listes de «notables» dans lesquelles sont choisis les candidats à la fonction publique et les députés.

– *Il décide seul de la guerre et de la paix* et nomme les militaires aux postes de commandement.

– *Les juges et les tribunaux dépendent de lui.*

Une «liberté» très surveillée.

La police est renforcée; les adversaires du régime, étroitement surveillés, sont réduits au silence.

La liberté de la presse est pratiquement nulle. Toutes les parutions sont censurées. Quatre journaux seulement sont autorisés à paraître à Paris; un par département, en province.

Des fonctionnaires efficaces et dociles sont mis en place.

L'administration créée à cette époque va survivre jusqu'à nos jours. On installe *un préfet* par département, *un sous-préfet* par arrondissement, *un maire* par commune, assisté d'un Conseil. Mais tous ces fonctionnaires *sont choisis* (soit dans l'ancienne noblesse, soit parmi les personnalités de l'époque révolutionnaire) *et nommés* par Bonaparte, même les maires des villes de plus de 5000 habitants.

Quelques mesures habiles sont prises pour apaiser les esprits.

La liberté de religion est totale: les églises, restées en bon état, sont ouvertes; le culte est garanti par des prêtres rémunérés par l'Etat; évêques et curés sont nommés; les mêmes mesures sont prises en faveur des protestants et des juifs.

Les émigrés sont autorisés à rentrer; une amnistie est offerte aux Vendéens s'ils reviennent à l'obéissance.

On réserve aux anciens membres des assemblées révolutionnaires la majeure partie des places de députés. La haute administration se recrute indifféremment dans le personnel d'Ancien Régime ou de la Révolution.

Travaux

– Le Consulat est-il un gouvernement démocratique? La République existe-t-elle encore?

– Un gouvernement qui repose sur la force de l'armée, est-il libre de ses décisions?

– Qu'appelle-t-on une dictature?

– Comment les apparences de la souveraineté de la nation sont-elles maintenues?

– Sous le Consulat, qui exerce la réalité du pouvoir au niveau du gouvernement central? au niveau du département? de l'arrondissement? de la commune?

Le 2 décembre 1804, le Premier Consul est proclamé Empereur des Français.

Une transformation des habitudes

La vie politique est active.

Les journaux pullulent. Les uns sont favorables au caractère violent de la Révolution, d'autres sont pour une action plus modérée.

On discute ferme, dans les clubs, dans les cafés, dans les salons et, à partir de 1792, dans les sections de quartiers.

Un danger. La guerre incessante donne une grande inportance à l'armée et ses généraux victorieux sont très populaires.

Photo Bulloz (Versailles, Lambinet)

Vente du journal «L'ami du peuple».

L'enseignement a été repensé.

En 1791, des essais ont lieu afin de «créer et organiser une instruction commune à tous les citoyens, gratuite...»

En 1793, la Convention voulait mettre «l'instruction à la portée de tous»:

«Citoyens, après la gloire de donner la liberté à la France, après celle de vaincre ses ennemis, il n'en est pas de plus grande que de préparer aux générations futures une éducation digne de la liberté... Après le pain, l'éducation est le premier besoin du peuple. Je demande... des établissements nationaux...»

Discours de Danton à la Convention le 13 août 1793

Mais les troubles politiques de la Terreur en empêchent l'application. Dans chaque canton une école primaire fonctionne, mais les maîtres sont payés par les élèves; ils sont logés par les communes.

Des créations durables.

- La fondation de «Grandes Ecoles»: Ecole de Santé, Ecole des Travaux Publics, Ecole Polytechnique, Ecole des Langues Orientales, Ecole des Mines, Conservatoire de Musique.
- Le regroupement des anciennes Académies royales (voir Louis XIV) dans l'Institut de France.
- Fondation du Muséum d'Histoire Naturelle, du Conservatoire des Arts et Métiers (l'actuel Musée des Techniques).
- Fondation de la Bibliothèque Nationale avec l'obligation, pour toute parution, de déposer deux exemplaires des ouvrages publiés (c'est «le dépôt légal»).

La Convention a créé notre système des Poids et Mesures ou Système métrique.

Il met fin à une invraisemblable complication des mesures qui variaient d'une région à l'autre.

Quelques mesures anciennes:
- l'aune: 1,188 m à Paris;
- la perche: 5,4 à 6 m, suivant les régions;
- la pinte: 0,93 l à Paris;
- le pied: 0,83 m environ;
- le pouce: variait de 3 à 12 cm;
- la toise: 1,94 m;
- le journal, mesure de surface de l'étendue de terre qu'un homme pouvait labourer en un jour;
- une lieue: 4 km environ.

- Juger de cette simplification par l'étude de la liste cidessus.
- Classer les mesures (anciennes et nouvelles) suivant leur utilisation (capacité, longueur, poids,...)

Usage des nouvelles mesures.

Photo Charmet (Carnavalet)

Des innovations fructueuses.

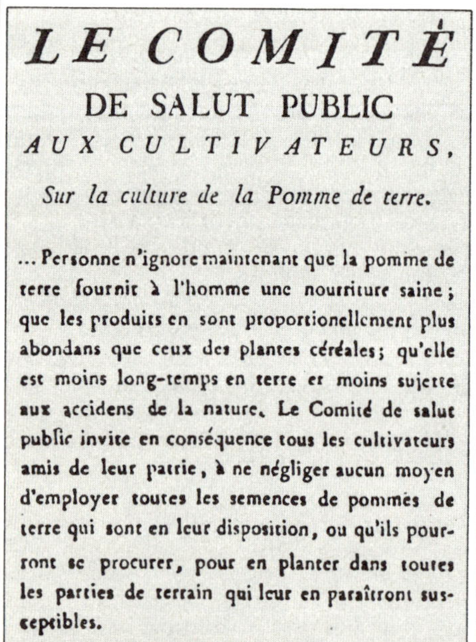

LE COMITÉ
DE SALUT PUBLIC
AUX CULTIVATEURS,
Sur la culture de la Pomme de terre.

... Personne n'ignore maintenant que la pomme de terre fournit à l'homme une nourriture saine; que les produits en sont proportionellement plus abondans que ceux des plantes céréales; qu'elle est moins long-temps en terre et moins sujette aux accidens de la nature. Le Comité de salut public invite en conséquence tous les cultivateurs amis de leur patrie, à ne négliger aucun moyen d'employer toutes les semences de pommes de terre qui sont en leur disposition, ou qu'ils pourront se procurer, pour en planter dans toutes les parties de terrain qui leur en paraîtront susceptibles.

Le Comité de salut public ARRÊTE que la présente Proclamation sera adressée aux départemens, qui seront tenus de la faire passer aux districts et aux municipalités, qui la feront afficher dans l'étendue de leurs territoires respectifs.

A CHAALONS-SUR-MARNE,
Floréal, an III.

En mai 1795, par voie d'affiche, le Comité de Salut Public conseille aux paysans la *culture de la pomme de terre* qui était alors à peu près inconnue, malgré que Parmentier ait ramené cette plante d'Amérique bien avant la Révolution et se soit efforcé, depuis, de la faire connaître.

- Relever les avantages de cette culture.
- De quelle façon l'ensemble des paysans sera-t-il informé?

A cette même époque, *le sucre* est encore très rare et très cher car on ne connaît que le sucre de canne, importé des Antilles. Or, la guerre gêne les approvisionnements. On va trouver le moyen d'extraire du sucre de la betterave, dont la culture va se répandre dans les grandes plaines céréalières.

De géniales trouvailles.

Au cours de la bataille de Fleurus en Belgique, le 26 juin 1794, *un ballon d'observation* fut envoyé pour surveiller les mouvements de l'armée ennemie.

A l'issue de la bataille, la victoire fut annoncée par signaux optiques; c'était une première utilisation pratique du *télégraphe de Monsieur Chappe*.

- A quand remontait le premier vol du ballon des frères Montgolfier?

L'Empire

Derrière une façade républicaine, Napoléon Ier gouverne en maître. Rien n'est laissé au hasard.

La nation n'est plus souveraine.

L'Empire a renforcé les pouvoirs de Napoléon. Les Assemblées perdent peu à peu leurs faibles pouvoirs; les élections sont pratiquement supprimées; les décisions sont prises par décrets. Le développement de la police, la réouverture de prisons d'Etat (incarcération sans jugement), la stricte règlementation de la presse et une sévère surveillance des citoyens suppriment toute possibilité de contestation et toute opposition au régime.

Avec l'Empire renaît un décor monarchique.

Napoléon entouré de sa famille et de la Cour impériale (tableau par Victor Adam).

Photo Harlingue-Viollet

L'enseignement est pensé pour fournir des élites modernes.

Des lycées sont créés en 1802: on entre en classe au son du tambour; la discipline est militaire, l'enseignement moderne. Il en sort 2000 bacheliers par an.

«Chaque lycée limité à 200 élèves en moyenne n'aura que 6 professeurs: 3 pour les lettres françaises et latines, 3 pour les mathématiques; c'est là ce qu'ils devront enseigner essentiellement... Passé 12 ans, les élèves apprennent l'exercice militaire sous la direction d'un adjudant...»

Reichart. Un hiver à Paris sous le Consulat

L'enseignement supérieur est développé en vue de former: ingénieurs, professeurs, scientifiques et techniciens dans les «Grandes Ecoles» fondées par la Convention. Les professeurs sont souvent d'éminents savants.

Mais que dire de l'enseignement primaire?

Extrait d'une lettre du Ministre de l'Intérieur à un préfet: «... Il faut s'occuper beaucoup plus du travail que de l'instruction de ceux qui n'ont ni le besoin ni l'aisance nécessaires.»

Aussi est-il abandonné à l'Eglise.

C'est pourtant sous l'Empire que furent ouvertes les premières Ecoles Normales d'Instituteurs, mais en nombre insuffisant.

Le cadastre

L'établissement du cadastre fut décidé en 1802 pour définir avec précision l'état de la propriété foncière dans chaque commune, afin d'assurer une plus juste répartition de la contribution foncière.

– *Etude:* Le cadastre aujourd'hui.

L'Empire a consolidé la puissance de la bourgeoisie.

Il a créé des conditions favorables au développement économique.

L'ordre intérieur, *une bonne administration,* (préfets, juges, fonctionnaires, professeurs) et *une monnaie stable* sont ces conditions.

L'Etat est favorable au développement des voies de communication et aux techniques nouvelles, base de progrès économique.

Les lois réunies dans *le Code Civil* favorisent les patrons en leur garantissant la liberté d'entreprise et en interdisant aux ouvriers toute possibilité de s'organiser pour défendre leurs intérêts.

La guerre et les conquêtes contribuent au développement de l'économie.

L'armée est une grosse consommatrice: elle stimule par ses achats la production agricole et industrielle.

Les conquêtes et l'occupation de la moitié de l'Europe ouvrent *de nouveaux débouchés* aux productions françaises.

La consommation intérieure augmente car la guerre bloque les importations de produits étrangers, anglais surtout.

Qui profite de cet essor économique?

Les paysans pour lesquels la hausse des prix agricoles et une demande accrue dégagent des surplus qui permettent l'accroissement d'une couche importante de propriétaires moyens; elle restera pour longtemps le soutien inconditionnel du pouvoir.

Mais surtout les bourgeois qui, depuis longtemps déjà aux leviers de commande de toute l'activité économique, voient leurs intérêts largement satisfaits par toutes les nouvelles mesures.

Les ouvriers des villes sont les victimes du régime napoléonien.

Arrêté du 12 avril 1803. Art 7

«Toute coalition de la part des ouvriers pour cesser en même temps de travailler, interdire le travail dans certains ateliers, empêcher de s'y rendre et d'y rester avant ou après certaines heures, et en général pour suspendre, empêcher, enchérir les travaux sera punie, s'il y a tentative ou commencement d'exécution, d'un emprisonnement qui ne pourra excéder trois mois.»

Arrêté du 1er décembre 1803. Art. 1

«A compter de la publication du présent arrêté, tout ouvrier travaillant en qualité de compagnon ou garçon devra se pourvoir d'un livret...

Tout ouvrier qui voyagerait sans être muni d'un livret ainsi visé sera réputé vagabond et pourra être arrêté et puni comme tel.

– Dans le 1er arrêté, cherchez le sujet du verbe «sera punie» et dites ensuite quels sont les droits qui sont interdits aux ouvriers.

– Expliquez «ainsi visé».

En quoi ce livret consistait-il?

Les déplacements et les gains de l'ouvrier y sont inscrits.

«L'ouvrier sera tenu de faire viser son dernier congé par le maire... et de faire indiquer le lieu où il doit se rendre.

... L'ouvrier sera tenu de faire inscrire le jour de son entrée, sur le livret, par le maître chez lequel il se propose de travailler.»

Et pourtant, dans l'ensemble, les ouvriers sont favorables à l'Empire: des salaires assez élevés leur permettent de vivre à peu près convenablement, ce qui se vérifie par une meilleure alimentation, comportant notamment une consommation accrue de viande.

– Le livret était-il obligatoire?

Par qui est-il contrôlé?

Le grand Empire et sa chute

La France à la conquête de l'Europe.

Entreprises pour apporter la liberté aux peuples opprimés, les guerres contre les monarchies européennes n'ont cessé ni sous le Directoire, ni sous le Consulat.

Devenu Premier Consul, Bonaparte essaie d'établir la paix. Elle sera de courte durée: *en 1803, la guerre reprend.*

C'est alors que, par *une série de victoires prodigieuses,* pendant quelques années, la France va dominer l'Europe: en 1805, c'est la victoire d'Ulm, puis d'Austerlitz, la plus belle bataille de l'Empire; en 1806, Iéna et Auerstaedt, un désastre pour l'armée prussienne; en 1807, Eylau et Friedland contre les Russes; en 1809, Wagram qui met l'Autriche à genoux.

L'Europe française.

Les armées françaises victorieuses annexent une partie des pays conquis et y installent *des régimes républicains* qui les transforment profondément: féodalité abolie, pouvoir confié à la bourgeoisie locale, application des lois françaises. Mais ces pays doivent payer de *lourds impôts* pour entretenir l'armée et l'administration françaises; ils doivent également lever *des contingents de soldats* qui sont incorporés dans la Grande Armée.

D'annexions en conquêtes, la France compte, en 1811, 130 départements.

Dans les pays conquis, Italie, Suisse, Hollande, Allemagne, Pologne, Suède, Espagne, *l'Empereur taille, à sa guise, des royaumes* qu'il distribue aux membres de sa famille.

La Prusse, l'Autriche et la Russie sont ses alliées.

Mais il n'arrive pas à imposer une paix réelle.

L'Angleterre reste un ennemi irréductible et va dresser tous les Etats européens contre la France.

La campagne de Russie se termine en 1812 par un désastre.

L'armée impériale avance à travers l'immense plaine russe en direction de Moscou. Les troupes russes reculent devant elles, *incendiant villes et villages* pour détruire toute possibilité de ravitaillement pour les troupes françaises. Moscou brûle lorsque Napoléon y arrive.

De plus, le terrible hiver russe, précoce cette année-là, n'est pas loin. C'est sur lui que comptent les Russes pour affaiblir l'armée impériale. Ils ne se trompent pas; la retraite française sera un désastre: 150000 hommes peut-être, sur les 600000 qui étaient partis rentrent en Allemagne et reverront leur pays.

La victoire a changé de camp, l'Europe se coalise pour abattre Napoléon.

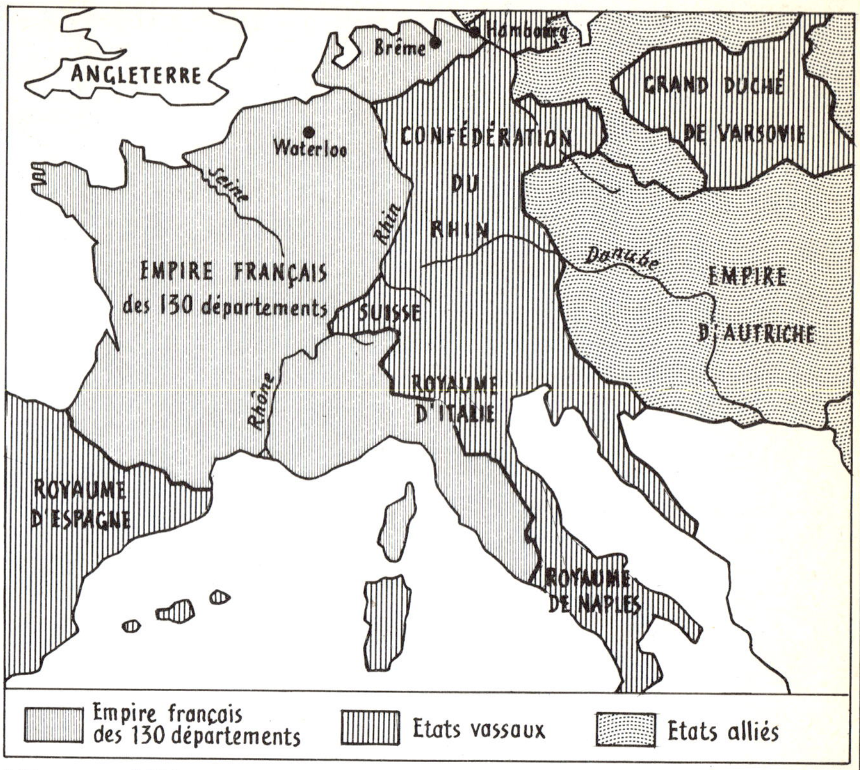

L'Europe en 1811.

Napoléon s'adresse à ses troupes au lendemain de la bataille d'Austerlitz:

«Soldats, je suis content de vous; une armée de 100.000 hommes, commandée par les empereurs de Russie et d'Autriche a été, en moins de 4 heures, ou coupée ou dispersée...

Soldats, lorsque tout ce qui est nécessaire pour assurer le bonheur et la prospérité de notre pays sera fait, je vous ramènerai en France... Là vous serez l'objet de ma plus tendre sollicitude... et il vous suffira de dire: «j'étais à la bataille d'Austerlitz» pour que l'on vous réponde: «Voilà un brave».»

Photo Giraudon (Musée de l'Armée)

La désastreuse retraite de Russie.

La France est envahie.

L'ennemi est d'abord contenu. Mais la Grande Armée a perdu l'essentiel de ses hommes de valeur; elle est refoulée; les soldats ennemis atteignent Paris.

Napoléon est battu.

La France est vaincue.

Malgré une ultime tentative, Napoléon est définitivement vaincu à *Waterloo en 1815.*

Abandonné par une partie de ses grands officiers, il est obligé d'abdiquer. Prisonnier des Anglais, il est déporté à Sainte-Hélène, une île perdue de l'Atlantique Sud où il mourra en 1821.

La France est ramenée à ses frontières de 1789.

Quinze années de guerres incessantes ont ruiné le pays. *Napoléon vaincu, la royauté reparaît.* Elle va plonger la France dans des querelles opposant les partisans de l'Ancien Régime et ceux de la République pour de longues années.

Une nouvelle Europe.

Les pays conquis sont profondément transformés:

Le régime féodal est aboli.
Toutes distinctions honorifiques, supériorité ou puissance résultant du régime féodal sont abolies...

Les droits féodaux et seigneuriaux sont supprimés.

Le code civil est appliqué.

Sous la Révolution et l'Empire

Les sciences et les arts

Napoléon à la bataille de Wagram, 1809, par Gros.

Photo Giraudon (Collection La Tour d'Auvergne)

Bureau-chambre à coucher de Napoléon à Fontainebleau.

Photo Giraudon

Ce fut un âge d'or pour les sciences.

Le grand mouvement d'études et de découvertes du 18e siècle se poursuit sous la Révolution et sous l'Empire. Les savants disposent de laboratoires pour poursuivre leurs recherches dans de bonnes conditions et ils sont en même temps des professeurs.

Napoléon encourage et honore les savants dont il juge les découvertes utiles. Mais il se méfie des écrivains, des philosophes surtout, dont il redoute les jugements.

Les savants ont surtout été mobilisés pour la conduite de la guerre : le mathématicien *Monge,* créateur de la géométrie moderne, a mis au poins un « Art de fabriquer les canons » et il enseignait aux citoyens comment produire le salpêtre en lessivant les murs des caves pour la fabrication de la poudre.

Une des plus heureuses applications des travaux des mathématiciens, physiciens et astronomes *L. Carnot, Legendre, Laplace,* est l'établissement du Système métrique et l'unification des Poids et Mesures.

En électricité *Ampère* et *Arago* construisent un électro-aimant. Un Italien, Volta, invente la pile électrique.

Gay-Lussac découvre la loi de la dilatation des gaz et découvre les propriétés du chlore.

Lamarck et *Cuvier* étudient l'anatomie et Cuvier crée la paléontologie (étude des espèces disparues).

En médecine, Laennec imagine l'auscultation au stétoscope ; l'asepsie diminue les dangers de la contamination avec la fabrication de l'eau de javel. Avec l'éther et le chloroforme apparaît l'anesthésie qui supprime la douleur. La « vaccine », largement répandue, a fait à peu près disparaître la variole.

Lebon découvre le gaz de houille ; les premières usines à gaz sont construites ; les premiers « becs de gaz » éclairent les rues du Palais-Royal, à Paris en 1811.

La fabrication du sucre de betterave est mise au point.

Un nouveau procédé de fabrication de la soude va donner un grand essor aux savonneries.

Fulton descend la Seine sur *un bateau à vapeur* en 1807 ; Napoléon ne se rend pas compte de l'importance de cette invention et n'y apporte aucune aide.

Napoléon protège les arts et encourage les artistes.

Napoléon s'intéresse à l'art, surtout dans la mesure où il sert à glorifier l'Empire ; en architecture il apprécie les œuvres grandioses et somptueuses. Il conçoit de vastes projets pour embellir Paris, mais tous ne pourront être achevés sous son règne. L'arc de triomphe du Carrousel, la colonne Vendôme, la Bourse, sont construits, ainsi que la petite aile et le grand escalier du Louvre ; des aménagements sont apportés aux châteaux des Tuileries, de Compiègne, de Fontainebleau, de St Cloud. L'église de la Madeleine (le temple de la gloire) et les arcades de la rue de Rivoli sont achevées.

Le mobilier, les arts décoratifs suivent la même inspiration : les meubles somptueux, les abeilles, les aigles, les couronnes de laurier ; la décoration en bronze doré, en marqueterie exaltent souvent la Renommée et la Victoire.

Le grand peintre du temps est *Louis David ;* il peint de nombreux portraits et des scènes officielles comme le sacre ; son disciple, *Gros* immortalise les victoires de l'Empire.

Par contre *peu d'écrivains* marquent cette époque à part le grand Chateaubriand, premier des « romantiques ».

L'officier des chasseurs par Géricault.

Photo Lauros-Giraudon

Photo Giraudon (Louvre)

L'arc de triomphe du Carrousel.

Une commode de style Empire.

Photo Giraudon (Château de Compiègne)

Le retour des rois

En 1815, Napoléon est exilé. Que va devenir la France vaincue par les nations européennes coalisées?

Les monarchies européennes nous imposent le retour des rois.

ETUDE

Les faits

En 1815, Louis XVIII, frère de Louis XVI, devient roi de France.

Les nobles essaient de retrouver privilèges et pouvoir perdus. Certains se vengent en faisant massacrer des centaines de personnes restées fidèles aux idées de la Révolution ou à l'Empereur.

Mais, sachant que l'on ne peut revenir à l'Ancien Régime sans provoquer des troubles, le roi se montre prudent: pour calmer les partisans de la République, il accorde une sorte de Constitution, la *Charte*, qui préserve les principaux acquis de la Révolution.

En 1824, à sa mort, son frère Charles X monte sur le trône; il tente de revenir à l'Ancien Régime.

Tous deux sont des rois sans prestige.

La situation se dégrade peu à peu.

La Charte de 1815 ne crée pas une véritable démocratie:

Le ton: «Nous avons volontairement et dans le libre exercice de notre autorité, accordé... tant pour nous que pour nos successeurs..., la Charte constitutionnelle qui suit:...»

Le contenu:

– N'ont le droit de vote que les plus riches parmi les Français, ceux qui paient au moins 300 F d'impôts (100000 personnes env.)

– Le roi propose les lois (article 16)

– Il nomme lui-même les ministres.

Charles X accentue la monarchie.

– Il se fait sacrer à Reims.

– Le droit de vote reste restreint.

– Les journaux sont surveillés et doivent payer d'énormes taxes.

– Des indemnités sont accordées à certains nobles dont les biens ont été vendus.

En 1830, face à l'opposition qui grandit, Charles X tente un nouveau coup de force:

– La liberté de la presse est supprimée.

– La chambre des députés est dissoute.

– Seuls les grands propriétaires ont le droit de vote.

– Les élections sont retardées.

Travaux

– Relever ce qui est particulièrement anti-démocratique dans la Charte.

– Que penser alors des agissements de Charles X?

Les Français vont-ils supporter sans réagir les dernières violations de la Charte?

La Révolution de Juillet 1830 chasse Charles X.

Le 27 juillet l'émeute éclate à Paris. Le 28 des barricades s'élèvent.

Bientôt tout l'Est de Paris est gagné à la révolte. On hisse le drapeau tricolore sur les murs de Notre-Dame.

En trois jours, le peuple de Paris est maître de la rue. Mais les morts sont nombreux.

Charles X doit s'enfuir en Angleterre.

Beaucoup de Parisiens auraient voulu proclamer la République; mais les bourgeois s'en méfient. Quelques députés influents font admettre un nouveau roi, le duc d'Orléans, qui va régner sous le nom de Louis-Philippe.

– Pourquoi ce nouveau roi?

Louis-Philippe offre certaines garanties républicaines.

Un régime parlementaire est instauré.

Les pouvoirs du roi sont restreints; l'aristocratie perd toute influence; la chambre des députés voit ses attributions élargies; la liberté de la presse est rétablie; le système électoral admet un plus grand nombre d'électeurs peu fortunés, mais les classes pauvres restent privées du droit de vote. Le drapeau tricolore est rétabli.

Quelques améliorations

La loi Guizot en 1833, décide l'ouverture d'au moins une école gratuite pour les indigents par commune.

Le développement du réseau routier, les premiers chemins de fer (transport des marchandises), l'amélioration des voies navigables, une diffusion plus large de la presse d'opinion et l'absence de troubles extérieurs sont des facteurs de progrès agricole et industriel.

Pour apporter quelque prestige à la royauté, la conquête de l'Algérie a été décidée en 1830.

Elle ne s'achèvera qu'en 1847 après la longue résistance entre 1839 et 1847 du chef arabe Abd-el-Kader. On ne s'inquiétait pas, à cette époque, de l'assentiment des peuples concernés.

> *Les raisons du choix:*
> «Le duc d'Orléans était à Jemmapes (voir Jemmapes p. 10); il a porté au feu les couleurs tricolores. Le duc d'Orléans peut les porter encore. ... C'est du peuple français qu'il tiendra la couronne».
> Manifeste du «National»; 30 juillet 1830

Photo Lauros-Giraudon (Carnavalet)

Un combat de rue en juillet 1830 à Paris.

Photo Giraudon (Musée des Beaux Arts, Valenciennes)

Louis-Philippe fait serment de respecter la Charte.

La Révolution de 1848

Ouvriers et paysans acceptent de moins en moins leurs conditions de vie.

Des questions sociales à résoudre pour les ouvriers...

– Augmentation de la durée du travail journalier et rythmes nouveaux dans les usines équipées de machines à vapeur et de l'éclairage au gaz.

– Diminution des salaires due au nombre croissant d'ouvriers: les paysans les plus démunis viennent grossir sans cesse ce nombre et ne sont pas exigeants.

– Exploitation honteuse des femmes et des enfants (voir textes page 27)

– L'insécurité de l'emploi, le chômage entraînent des conditions de vie dramatiques: sous-alimentation, maladies, habitations-taudis, criminalité. (voir textes page 27)

... mais aussi pour les paysans.

– L'accroissement continu de la population entraîne le chômage des plus pauvres brassiers; c'est alors l'exode vers les villes.

– Les ressources d'appoint du travail artisanal à domicile sont menacées par la mécanisation et la production en série et à bon marché du travail en usine. Elles disparaîtront peu à peu.

– Les ressources liées aux biens communaux (glanage, pacage, cueillette) sont en train de disparaître, privant les plus pauvres d'un apport de survie.

– Analyse de ces questions sociales. Vous paraissent-elles graves?

Une situation explosive en 1848.

Dès 1840, Louis Philippe se comporte de plus en plus en souverain absolu. De nouvelles lois restreignent les libertés.

Les récoltes de 1846 et 1847 sont mauvaises, des troubles éclatent dans les campagnes, puis dans les villes où les ouvriers brisent «des mécaniques».

Le nombre des chômeurs est énorme:
Paris: 40% dans la carrosserie,
60% dans le textile,
55% dans l'ameublement.
Lyon: 65% des travailleurs.
Calais: 9000 chômeurs sur 12000 ouvriers.

L'hiver 47-48 est très rude; les prix grimpent. Mal nourris, les hommes résistent mal; la mortalité est effrayante.

– Que pensez-vous de cette situation?

L'avènement de la démocratie.

Les événements se précipitent.

En février 1848, *une manifestation de masse,* réunissant étudiants, artisans, ouvriers, appelle à la réforme. Dans la nuit du 23 au 24, des barricades sont élevées. On réclame la République. L'armée est débordée. Louis Philippe abdique.

Un grand espoir est en train de naître.

Un gouvernement provisoire est mis en place en attendant l'élection d'une nouvelle Assemblée et d'un Président de la République.

Dans l'enthousiasme, *la Seconde République* est proclamée; de grandes réformes sont accordées.

L'insurrection en février 1848.

«Tout Français majeur, résidant depuis plus de 6 mois dans une localité, est électeur... Les élus recevront une indemnité parlementaire convenable...»

Le nombre des électeurs passe de 240000 à 9 millions.

Les libertés de la presse et de réunion sont rétablies, la peine de mort supprimée, l'esclavage aboli dans les colonies. La journée de travail est fixée à 10 heures.

Le droit au travail est proclamé pour la première fois: l'Etat ouvre de grands chantiers nationaux pour donner du travail aux chômeurs; il s'agit de travaux de voierie et de terrassement.

– Quel est le fait essentiel qui crée la démocratie?

Photo Lauros-Giraudon (Carnavalet)

L'apprentissage de la liberté sera de courte durée.

Les déceptions.

Les ateliers nationaux ne sont pas ce qu'ils auraient dû être: «... il s'agissait ici d'un labeur stérile, dérisoire, auquel la plupart se trouvaient nécessairement inhabiles; l'action de l'Etat, c'était le gaspillage des finances; la rétribution, c'était une prime à la paresse.» Louis Blanc

Il n'y a bientôt plus de travail utile à procurer aux ouvriers des ateliers nationaux, or leurs effectifs s'accroissent. Les chômeurs sont invités à aller défricher la Sologne ou à s'engager dans l'armée. Les ateliers sont fermés.

Le pays traverse une grave crise: les banques ferment leurs guichets et les commerces leurs portes; les impôts sont augmentés.

Juin 1848, une insurrection spontanée des ouvriers parisiens.

Leur désespoir s'exprime d'abord par des rassemblements et défilés dans les rues. Puis le 22 et le 23, le centre et l'est de Paris se couvrent de barricades.

Pendant trois jours les combats de rues font rage. Mais l'insurrection est écrasée brutalement par l'armée; les morts sont nombreux du côté des insurgés.

Des élections ont lieu.

La République subsiste; mais le pays a eu peur. Le suffrage universel est rétabli.

De nouvelles lois restreignent la liberté de la presse et ramènent la journée de travail à 12 heures.

Les nouvelles élections désignent:
– *un président de la République* élu en 1848 pour 4 ans, c'est Louis-Napoléon Bonaparte, neveu de Napoléon Ier;
– *une Assemblée* législative élue en 1849 pour 3 ans.

En 1852, au lieu de quitter le gouvernement comme l'indiquait la Constitution, Louis-Napoléon Bonaparte renforce son pouvoir personnel, dissout l'Assemblée pour préparer une nouvelle Constitution, et, le 2 décembre 1852 se fait proclamer Empereur sous le nom de Napoléon III, avec l'accord de la grande majorité des Français.

Dépêches télégraphiques de Paris.

Le 26 juin 1848, deux heures du soir:
Le faubourg St. Antoine, dernier point de la résistance, est pris... la lutte est terminée. L'ordre a triomphé de l'anarchie.

Quatre heures du soir:
L'insurrection est complètement vaincue. Tous les insurgés ont mis bas les armes... La cause de l'ordre a triomphé!»
Dépêches transmises aux préfets et sous-préfets

Travaux

– En quoi la Restauration fut-elle un «retour des rois», plutôt qu'un retour à l'Ancien Régime?

– Une démocratie n'est une «vraie démocratie» que lorsque le peuple a accès à l'instruction et à l'information. Pourquoi?

Le Second Empire - La Commune

Napoléon III réunit tous les pouvoirs entre ses mains.

LA NOUVELLE LOI SUR LA PRESSE.

La Patrie. – Faites donc attention, madame la Loi, vous assommez tout le monde indistinctement!... vous êtes par trop timbrée!.......

Caricature de la loi sur la presse.

Photo Collection Viollet (B.N.)

Les mouvements libéraux qui avaient établi la Seconde République sont désorganisés et leurs chefs exilés; Victor Hugo en fait partie.

Le suffrage universel est maintenu, mais il n'est plus qu'une apparence, car les députés élus n'ont pas beaucoup de pouvoir: c'est l'empereur qui propose et fait voter les lois. Il dispose de la police et de la force armée et la presse est à nouveau étroitement surveillée.

Cependant l'ordre règne et l'Empereur favorise le développement industriel; ceci provoque le retour de la prospérité essentiellement pour la bourgeoisie et les paysans propriétaires.

– Observer la caricature de la loi sur la presse: les journaux sont «assommés» par les droits de timbre.
– Ce «régime impérial» est-il un régime démocratique?

A partir de 1860, le régime impérial s'assouplit.

On assistera à un retour progressif des libertés

– Les proscrits (exilés) peuvent revenir en France. *Victor Hugo* refuse de rentrer tant que Napoléon III sera au pouvoir; il a exprimé son refus en vers célèbres:

«Je resterai proscrit, voulant rester debout. J'accepte l'âpre exil, n'eût-il ni fin ni terme. ... Si l'on n'est plus que mille, eh bien j'en suis! Et s'il n'en reste qu'un, je serai celui-là.»

– Les droits de grève et de réunion sont rétablis. Une certaine liberté est rendue à la presse et les pouvoirs des députés sont élargis.

Pourquoi ces assoupplissements?

La paix sociale revenue, la dureté du régime ne se justifie plus et Napoléon III a besoin de se concilier l'opinion, en particulier celle des ouvriers des villes.

Quelles en sont les conséquences?

A nouveau, l'opposition peut s'exprimer et s'organiser: de nouveaux journaux paraissent; quelques-uns sont très violents vis-à-vis du régime; les partis politiques se reconstituent avec de nouveaux chefs républicains très actifs comme Gambetta et Jules Ferry.

1869 est marqué par une vague de grèves.

La guerre de 1870 met fin à l'Empire.

Malade, vieilli, l'Empereur se laisse conduire par les événements.

A l'intérieur, il n'arrive pas à contrôler l'agitation.

A l'éxtérieur: alors que la Prusse, le plus important des Etats allemands, est devenue une puissance inquiétante pour la France, il ne pourra pas empêcher le conflit d'éclater en août 1870.

Mal préparée à la guerre, la France est vaincue en quelques semaines

Napoléon III est fait prisonnier le 2 septembre 1870; l'Empire s'écroule. Mais la lutte continue.

Le siège de Paris.

Les Prussiens continuent d'avancer et bloquent Paris. Dès le 19 septembre, on ne peut plus sortir de la ville, elle n'est plus ravitaillée. Or, l'hiver 1870-1871 est très rude; et la ville est bombardée! Les Parisiens en sont réduits à manger du chat, du rat,...

Le député républicain, Gambetta, essaie d'organiser la défense depuis la province; il échoue. Le siège dure cinq mois.

Une Assemblée à tendance royaliste est élue, présidée par Thiers.

La commune de Paris.

L'Assemblée signe la paix avec l'ennemi à de très dures conditions: la France abandonne à l'Allemagne l'Alsace et une partie de la Lorraine et doit une lourde indemnité. La population parisienne se sent trahie. Elle a l'impression d'avoir tant souffert pour rien. Elle décide de former à l'Hôtel de ville, une Commune insurrectionnelle pour organiser la défense et sauver la République.

Mais Thiers, avec la complicité des Prussiens, envoie 100000 hommes de troupe pour mater la révolte.

La guerre civile est dûrement réprimée.

Barricades à Belleville, le 19 mars 1871.

Photo Collection Viollet

Les combats, d'une violence inouie, durent une semaine; l'armée va devoir enlever 500 barricades. La répression est un véritable massacre. La lutte s'achève à Belleville et au cimetière du Père Lachaise, devant le Mur des Fédérés où tombent, fusillés, les derniers insurgés.

Le bilan est sinistre: sans doute 30000 morts; 38000 arrestations; 13000 déportations en Algérie et en Nouvelle Calédonie.

Le mouvement ouvrier est brisé pour des années. La Commune reste une référence et un emblème pour l'ensemble du mouvement ouvrier international.

De nouvelles sources d'énergie

Le charbon devient le principal combustible…

Il remplace le bois dans le chauffage domestique, dans la fabrication de la fonte dans les hauts-fourneaux et dans la machine à vapeur.

Moins cher que le bois, il est abondant en Europe, un peu moins abondant en France où les mines de houille sont assez dispersées: Bassin du Nord, bassin du Pas-de-Calais et Massif Central.

– *Mots à définir:* charbon, houille, combustible, haut-fourneau.

… et la vapeur, la principale source d'énergie.

La force de la vapeur, produite en chauffant de l'eau avec un peu de charbon, fournit à des machines une quantité d'énergie plus grande et plus régulière que l'énergie musculaire des hommes ou des animaux (traction) et que l'énergie produite par le vent et l'eau (moulins).

– *Recherche:* les sources d'énergie aujourd'hui.

La machine à vapeur permet de tirer des trains et de faire avancer des bateaux.

Le chemin de fer.

En 1829, une locomotive remorque un train de 90 tonnes à 22 km/h. En 1831, une locomotive tire, de Rive-de-Giers à Givors, des wagonnets à charbon occupés par des ouvriers.

En 1833, on inaugure un service régulier entre St-Etienne et Lyon. En 1835, s'ouvre la ligne Paris-St-Germain, puis celles de Paris-Versailles, Beaucaire-Nîmes, Sète-Montpellier.

Au début, il s'agissait surtout d'amener, à un prix modique, le charbon de la mine à une voie navigable d'où il était conduit à son lieu de consommation.

Le chemin de fer ne prendra sa véritable expansion qu'à partir du Second Empire, vers 1850.

Une des premières locomotives à vapeur en France.

D.R.

Un navire à vapeur en 1852: l'Osiris (remarquer la présence des mâts pour les voiles).

La navigation à vapeur.

Elle entre timidement en service sur les fleuves français, Seine, Rhône, Rhin, vers 1813.

En 1818, un bateau à vapeur traverse l'Atlantique en 30 jours mais en utilisant ses voiles sur la moitié du trajet.

Avec l'invention de l'hélice (par un Français) les progrès sont rapides: 14 jours en 1838. Dès 1840, des services réguliers s'établissent entre les Etats-Unis et l'Angleterre. Mais ils sont concurrencés par les grands voiliers américains, les fameux «clippers» à voiles, qui effectuent la traversée en 11 ou 12 jours.

Dans le même temps, les transports routiers s'améliorent, sans l'aide de la vapeur.

Les déplacements et les échanges sont plus rapides, plus nombreux.

On se déplace encore souvent, à pied pour les ouvriers et les paysans, à cheval pour les nobles et les bourgeois, en carrosse ou berline pour la haute noblesse et la bourgeoisie. Mais on constate de grands progrès dans les moyens de transport, dus à l'amélioration des routes et des voitures.

Etude de quelques faits constatés:

Paris-Bordeaux en diligence:
1 diligence par jour en 1816
4 diligences par jour en 1847
Temps du parcours: 120 heures en 1814
60 heures en 1848

La malle-poste plus légère, met 36 h en 1848.

Le courrier: 64 millions de lettres transportées en 1830; 126 millions en 1847.

Le nombre des voyageurs double entre le début du siècle et 1830.

Pour le roulage, (transport des marchandises) à raison de 30 à 40 km par jour, il faut encore compter 3 jours pour véhiculer de faibles quantités de marchandises de Paris à Rouen et 2 semaines de Paris à Marseille.

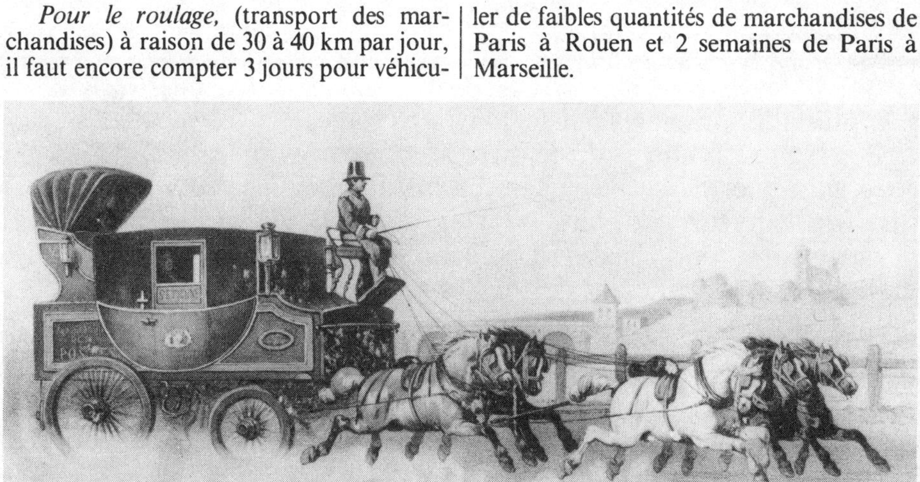

Photo Bulloz (Carnavalet)

Une malle-poste.

Dans la première moitié du 19e siècle

La machine à vapeur

Elle transforme l'industrie textile.

Une filature mécanique.

Photo Charmet (Bibl. des Arts Décoratifs)

Remarquer: le tas de coton brut au pied de la machine; le fil produit va s'enrouler automatiquement sur les bobines dans le fond de la pièce. Deux ouvrières suffisent pour surveiller le bon fonctionnement de la machine.

Les usines textiles grandissent et se multiplient.
Les métiers à tisser et à filer se multiplient dans les centres cotonniers d'Alsace et de Normandie, dans la soierie lyonnaise et dans les centres lainiers dans le Nord.
Les industries chimiques pour le blanchiment des toiles profitent de l'essor de l'industrie textile.
La machine à vapeur devient de plus en plus puissante:
20 CV au début du siècle,
3000 CV à la fin.
et se multiplie:
5000 vers 1810,
28000, 20 ans plus tard.

Terme à définir: 1 CV.

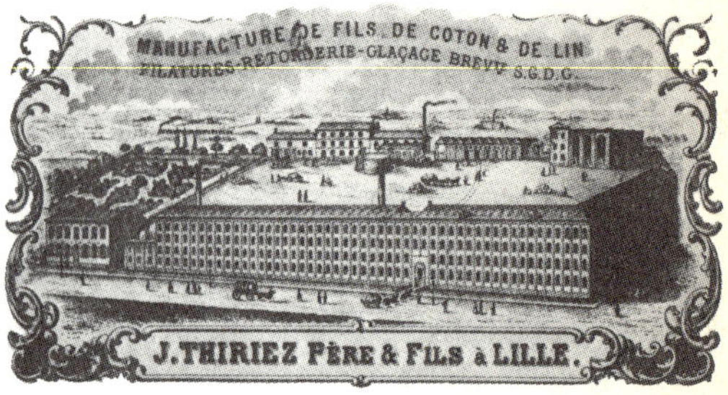

2 étiquettes montrent l'évolution d'une filature en moins de 30 ans. (En haut: 1833, en bas: 1860.)

Photo Bibl. Municipale de Lille

La machine à vapeur s'impose à l'industrie métallurgique.

L'industrie métallurgique fabrique les machines nécessaires aux industries textiles et autres industries et le matériel ferroviaire.

La machine à vapeur meut *les énormes marteaux-pilons* qui forgent les grosses pièces entrant dans la fabrication des locomotives; elle entraîne de nombreuses *machines-outils* rapides et précises: perceuses, raboteuses, foreuses, tours...

Cet emploi généralisé de machines constitue ce que l'on appelle «le machinisme».

D'énormes quantités de charbon sont nécessaires; l'exploitation minière se développe.

Le marteau-pilon.
«C'était un lourd bloc de fer qui, soulevé par la vapeur entre deux colonnes, montait jusqu'au plafond, puis retombait de tout son poids sur l'enclume.
... poussé par une force invisible, l'énorme masse se souleva; l'ouvrier venait de placer sur l'enclume son bloc de fer rouge! Il fit un signe et, le marteau-pilon s'abaissant tout à coup, aplatit le fer en en faisant jaillir une nuée d'étincelles si éblouissantes...»
G. Bruno 1877

Le marteau-pilon (remarquer le grand nombre d'ouvriers).

Photo Lauros-Giraudon (B.N.)

L'exploitation minière transforme les paysages.

Les régions minières deviennent les «pays noirs» avec leurs «terrils» et les enchevêtrements métalliques de leurs installations.

A proximité des bassins houillers, on édifie de grandes usines au-dessus desquelles se dressent les hautes cheminées crachant sans cesse une fumée noire vers le ciel.

Les puits Saint-Pierre et Saint-Paul au Creusot.

Photo Charmet (Bibl. des Arts Décoratifs)

La mécanisation transforme les habitudes.
Telle usine modeste de Toulouse produit chaque jour, 500 faux et 2000 limes. Dans les filatures, les machines produisent 10 fois plus de fil à l'heure qu'au début du siècle; une seule personne fait le travail de 40 fileuses au rouet. Les prix baissent.

Fabriqués en grand nombre, des objets réservés jusque-là aux riches deviennent d'un usage courant: chemises, draps de lit, souliers, ustensiles de cuisine. La plume d'acier remplace la plume d'oie pour écrire; les bougies, les allumettes, la machine à coudre rendent la vie quotidienne plus agréable.

Avec la culture de la betterave et l'industrie sucrière, le sucre, les bonbons, les confitures sont consommés plus couramment.

Dans la seconde moitié du 19e siècle

Le chemin de fer entraîne l'économie

La locomotive à vapeur provoque une révolution dans les transports.

Déjà le chemin de fer s'inscrit dans les paysages avec ses rails en fer puis en acier, capables de supporter de lourdes charges, ses remblais, ses viaducs, ses tunnels.

La construction des nouveaux réseaux et du matériel de transport mobilise l'essentiel des forces de la nation: des quantités considérables de fer, d'acier, de charbon sont nécessaires.

Le réseau ferré s'allonge.

C'est en 1842 que le Parlement vote la construction de neuf lignes de chemin de fer destinées à relier Paris au littoral et aux pays voisins. Voir la carte.

Vers 1848, le réseau français compte 3000 km de voies ferrées seulement, mais il va doubler en 5 ans et quintupler en 18 ans. Les trains franchissent les fleuves sur des ponts métalliques et traversent les montagnes dans des tunnels. Le tracé en étoile autour de Paris est achevé à la fin de l'Empire; à cette date les Anglais peuvent aller de Calais à Marseille par le train. Vérifier sur la carte.

Le chemin de fer assure: la vitesse, une capacité de transport plus grande et des prix plus bas.

La locomotive devient plus puissante: en 1839, 10 km/h; en 1850, 55 km/h; en 1860, 108 km/h.

Vers 1850, le voyageur paie deux fois moins cher en train qu'en diligence et va dix fois plus vite.

Un seul train transporte des centaines de passagers, la diligence n'en contenait qu'une quinzaine.

Le tarif pour les marchandises est de 10 centimes la tonne par km, au lieu de 25 centimes par la route.

A 40 km/h, une locomotive tire un train de 30 à 40 wagons; un seul de ces wagons contient le chargement de 10 voitures de roulage qui roulaient à raison de 40 km par jour (vitesse horaire moindre et arrêts aux relais).

A la fin du siècle, la France exporte 200000 tonnes de fruits en Angleterre, en Belgique et en Allemagne par le train.
(Voir la publicité p. 24)

«Il y avait chaque jour deux trains de marchandises assez longs, formés de voitures découvertes garnies de chaux à l'aller, de charbon au retour. Mais ils s'allongeaient plus encore, les jours de foire à Cosnes, en une succession de wagons fermés où s'entassaient cochons grognants ou bovins apeurés...»

Guillaumin. La vie d'un simple. Ed. Stock

Remarque: les bassins houillers sont tous desservis par le train.

Etude du tableau

Evolution des chemins de fer sous le Second Empire			
	Lignes (en km)	Voyageurs	Marchandises (en t)
1851	3.500	20.000.000	4.000.000
1858	9.000		
1869	17.000	113.000.000	44.000.000
1891	36.000		

D'après le tableau et les renseignements donnés, apprécier:
- le gain de temps,
- l'augmentation du nombre des voyageurs et de la quantité de marchandises transportées,
- l'économie réalisée dans chaque cas.

Travaux
- Résumer l'importance économique des chemins de fer au 19e siècle.
- Mots à définir: un remblai, un viaduc, un tunnel, les engrais.

Au 19e siècle, le succès du chemin de fer est prodigieux.

Le chemin de fer multiplie les emplois.

Personnel nécessaire:
- au siège des compagnies,
- dans les gares,
- sur le matériel roulant.

Industrie métallurgique:
- rails, locomotives, wagons, ponts métalliques.
- production de fonte, d'acier.

Travaux publics:
- construction des voies ferrées, des tunnels, des viaducs.

Les gares:
- construites en général aux abords des villes, elles deviennent rapidement le point de départ de villes nouvelles.

Le chemin de fer transforme de nombreuses régions agricoles.

Il s'agit surtout de celles qui se trouvent au voisinage des grandes lignes de voies ferrées: l'outillage, les engrais parviennent aux paysans qui, à leur tour, expédient facilement leur production.

Des wagons à bestiaux aérés sont construits et, bientôt, des wagons frigorifiques pour les denrées périssables.

Les communications à la fin du Second Empire.

Au cours du 19e siècle

La lente évolution de l'agriculture

Une moissonneuse mécanique.

Photo Charmet (B.N.)

La mécanisation.

Exemple de mécanisation dans le département de la Mayenne

«Ce fut dans les années 1857 et 1858 que les fermiers de cette commune, de même que ceux des communes avoisinantes, se procurèrent des mécaniques ou machines à battre les grains. Les prix de ces mécaniques, celles provenant de la fabrique de Lotz à Nantes, les meilleures connues, sont de 1000 F. Dans cette présente année 1860, presque tous nos fermiers sont pourvus de ces mécaniques.»

P. Gautier «Histoire de Bonchamp»

L'emploi d'engrais vers la fin du 19e siècle.

Publicité pour l'utilisation d'engrais. (Janvier 1911).

Photo Charmet (Bibl. Forney)

Des changements lents mais certains.

De nouvelles cultures.

Un rapport du sous-préfet de Tournon au préfet de l'Ardèche, du 29 décembre 1835, précise ce qui suit: «... depuis 12 ou 15 ans... la culture des céréales a prodigieusement augmenté et celle des pommes de terre a fait plus que décupler depuis 40 ans... Les prairies artificielles étaient presque inconnues il y a 30 ans; aujourd'hui, le trèfle et la luzerne sont cultivés presque partout... La récolte en grains présente aujourd'hui un assez fort excédent en seigle qui trouve son écoulement dans les départements de la Drôme, de la Loire et Haute-Loire... Les bovins ont doublé depuis 40 ans.

Le nouvel assolement.

Le même hectare de terre produit une récolte plus abondante

Depuis le début du siècle, dans les grandes régions céréalières, les cultures fourragères (trèfle et luzerne en font partie) amendent le sol au lieu de l'épuiser et font disparaître la jachère. A la fin du siècle l'emploi des engrais amélioreront encore les rendements.

Etude du schéma:

Cultures fourragères
↓
terres enrichies: davantage de bétail; davantage de fumier.
↓
rendements et gains accrus
↓
achat de matériel mécanisé
↓
nouvel accroissement des rendements: on peut moderniser l'exploitation et employer des engrais

– D'après le schéma, composez un paragraphe indiquant en le précisant, l'intérêt multiple des cultures fourragères dans l'économie agricole.

Les nouveaux outillages.

«La charrue en fer Dombasle fut bientôt connue et appréciée... Beaucoup de paysans hésitaient cependant: ils prétendaient qu'elle faisait un labour trop profond et ramenait la mauvaise terre en surface. Mais quand on vit les belles récoltes obtenues, il fallut bien se rendre à l'évidence...

Ce n'est vraiment qu'après 1860 qu'on acheta des herses en fer, des houes à cheval, des faux pour le blé.»

R. Thabaud. Mon village

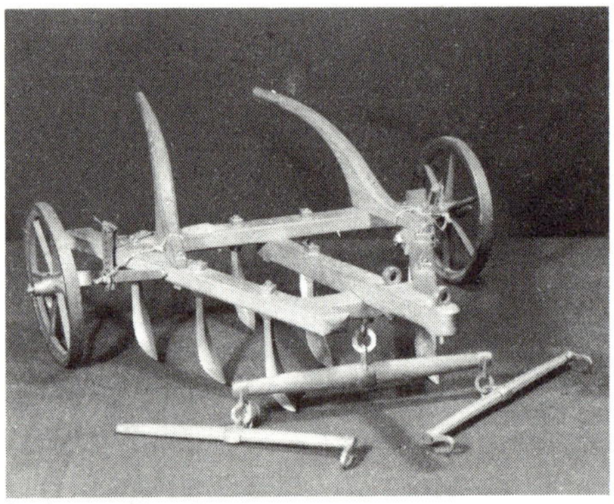
La herse Dombasle.

Photo CNAM

Quelques régions se spécialisent.

Le Languedoc se couvre de *vignes;* la betterave sucrière gagne les grandes *plaines du Nord* et l'industrie du sucre est prospère. L'élevage se concentre en *Normandie,* dans le *Charolais,* dans le *Morvan;* les céréales dans les grandes *plaines du Nord* et du *Bassin Parisien;* les cultures fruitières et maraîchères dans les plaines du *Comtat Venaissin.*

Les grandes villes s'entourent d'une ceinture de cultures maraîchères.

L'agriculture de subsistance cède lentement la place à une agriculture tournée vers la commercialisation.

Sous le Second Empire, la vie s'est améliorée dans les campagnes.

L'extension des chemins de fer et des transports routiers, le développement de l'instruction primaire et de la presse, l'obligation du service militaire qui met les jeunes ruraux en contact avec d'autres régions, d'autres milieux, ouvrent les campagnes à de nouvelles influences qui font évoluer les traditions.

Les villages ne sont plus des centres de production isolés; les échanges s'intensifient. Dans les maisons, les tuiles commencent à remplacer le chaume; on achète des meubles, on consomme davantage de viande, on boit du vin.

Le paysan ne fabrique plus tout ce dont il a besoin; il devient un consommateur: on lui vend les produits textiles et les produits manufacturés (outils, ustensiles, chaussures...) des villes.

Publicité pour l'exploitation de produits agricoles (vers 1880).

Photo Charmet

Travaux

– Remarquer les dates indiquées dans les divers documents. Y a-t-il eu un progrès important avant la deuxième moitié du 19e siècle? Or, à quelle époque l'assolement triennal remonte-t-il? (Voir le temps des rois p. 27)

– Quel est le fait nouveau qui paraît avoir déclenché les progrès en agriculture?

Une accélération de la production

Elle est provoquée par un accroissement rapide des besoins.

Etude du schéma suivant : il réunit des données précédemment étudiées. Les replacer dans le temps et établir un commentaire expliquant les raisons de cet accroissement.

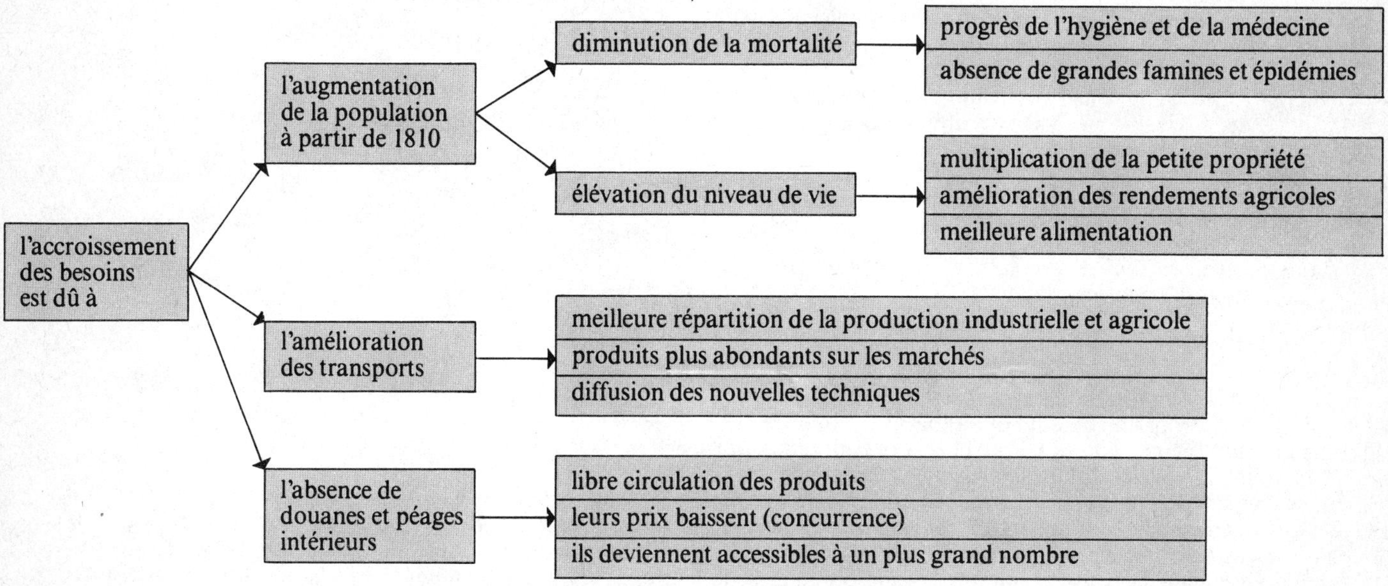

La population a augmenté. Pour ces nouveaux consommateurs, il faut fabriquer des vêtements, des habitations, du mobilier, des objets usuels, des outils et la terre doit produire davantage. Les besoins stimulent la production.

Accélération de la production industrielle entre 1840 et 1880.

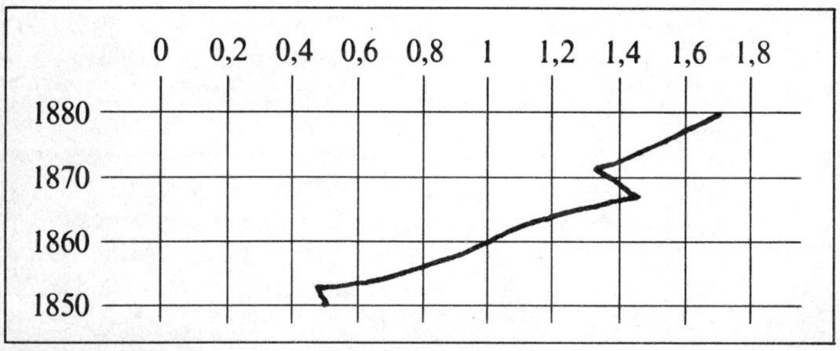

Production de fonte (en Millions de tonnes).

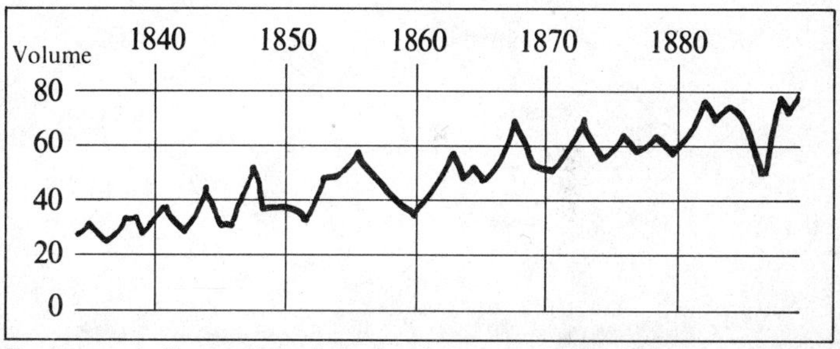

Evolution de l'ensemble de la production industrielle.

– Sachant que la production d'acier passe de 240.000 tonnes en 1850 à 750.000 t. en 1860, 1.100.000 t. en 1870 et 1.300.000 t. en 1880, compléter le graphique par la production d'acier.

– Relever les bassins houillers sur la carte p. 23. L'industrie métallurgique s'est développée : en Lorraine, au Creusot, dans le Nord et le Pas-de-Calais, à proximité des bassins houillers, grandes usines textiles à Lille, Roubaix, Rouen, Mulhouse et dans les Vosges.

Cette accélération a fait naître une nouvelle notion, l'investissement.

Il est devenu nécessaire d'augmenter la taille des usines puisque le nombre et la taille des machines ne cessent d'augmenter.

Pour les construire et les équiper, il faut des capitaux de plus en plus importants. Ce sont ces capitaux qui prennent le nom « d'investissements ».

Lorsque l'entreprise familiale ne peut réunir les capitaux nécessaires, on a recours à divers moyens : *la réunion de plusieurs entreprises, la création de sociétés par actions* (les actions sont des parts de capital vendues au public qui en retire un bénéfice), *les prêts accordés par les grandes banques* qui se multiplient à cette époque : la Société Générale, le Crédit Lyonnais viennent s'ajouter à la banque Rothschild et au Crédit Industriel et Commercial).

Il faut ensuite faire fonctionner les usines : payer ceux qui y travaillent et assurer régulièrement la modernisation des équipements.

Ces nouveaux capitaux doivent être tirés du « profit », c'est-à-dire des bénéfices réalisés par la vente des produits fabriqués. Or, les prix de vente ne peuvent être trop élevés car la concurrence est vive entre les fabricants.

C'est *en réduisant les salaires* (la main-d'œuvre est alors abondante), *en pratiquant de longues journées de travail* et *en ayant recours au travail des femmes et des enfants* (aux salaires très bas), que les patrons font face à cette compétition.

Les ouvriers paient le progrès par leur misère (voir page 27).

Un texte de 1840 nous renseigne :

« Il est des filatures... qui retiennent leurs ouvriers pendant 17 heures chaque jour et les seuls moments de repos... sont une demi-heure pour le déjeuner, et une heure pour le dîner, ce qui laisse 15 heures de travail effectif. »

« ... la famille dont le travail est peu rétribué, ne subsiste avec ses gains seuls qu'autant que le mari et la femme se portent bien, sont employés pendant toute l'année, n'ont aucun vice et ne supportent d'autres charges que celle de deux enfants en bas âge. Supposez une maladie, le manque d'économie ou seulement une occasion fortuite d'intempérance, et cette famille se trouve... dans une misère affreuse. »

J. Villermé

La révolution industrielle

L'usine, un nouveau mode de travail.

L'industrie est l'ensemble des activités de tranformation des matières premières et des ressources naturelles. (Chercher des exemples). Elle existait avant le 19e siècle:

– sous la forme de l'*artisanat urbain*, (depuis le 12e siècle), dans lequel le travailleur est totalement *indépendant* et vend lui-même le produit de son travail;

– sous la forme de la *fabrique* et de la *manufacture* (depuis le 16e siècle) où les travailleurs sont totalement *dépendants* d'un patron, transforment une matière première qui leur est fournie et reçoivent un salaire en échange.

– Chercher des exemples de travailleurs restés indépendants aujourd'hui.

– *De nouveaux moyens de production:* la *machine-outil*, actionnée par une force motrice, remplace l'outil manié à la main.

– *Un nouveau cadre de production:* construite à cet effet, *l'usine* concentre les moyens de production et les travailleurs en un lieu unique.

– *De nouveaux rapports sociaux:* le patron est le maître absolu. L'usine est sa propriété, c'est lui qui a fourni le capital nécessaire à son achat. Le produit du travail et le profit (bénéfice) qui peut être retiré de la vente, lui appartiennent également.

Les ouvriers n'ont plus aucun droit au contrôle ni sur les moyens de production ni sur le produit de leur travail. Ils sont simplement *vendeurs d'une force de travail* qui leur est *payée par un salaire*. Ensemble, ils forment «le prolétariat» et le prix de leur force de travail constitue «le marché du travail».

Photo Lauros-Giraudon (B.N.)

L'atelier de machines-outils et de tours des Forges d'Ivry. (Observer le grand nombre d'ouvriers).

L'usine Schneider au Creusot occupe 6.000 ouvriers en 1861; celle de Dollfuss Mieg à Mulhouse 4.200 ouvriers dès 1834.

Il faut signaler cependant qu'au 19e siècle, les formes anciennes de l'industrie n'ont pas disparu; elles coexistent avec les nouvelles.

Le commerce inaugure de nouvelles activités.

Photo Charmet (B.N.)

Les Grands Magasins du Printemps vers 1875-80. (Remarquer l'animation du boulevard, l'omnibus, les fiacres, les calèches).

L'accroissement du commerce au 19e siècle est général.

Mais une innovation va marquer profondément les habitudes, c'est *l'apparition du «Grand Magasin»*: à Paris, le Bon Marché en 1852, le Printemps en 1865, puis le Louvre, la Samaritaine sont des créations du Second Empire.

Dans leurs «rayons», tenus par des employés, les clients trouvent, au meilleur prix, la presque totalité des produits fabriqués en France.

Napoléon III, organise à Paris de grandes «*expositions universelles*» qui représentent les dernières innovations techniques de tous les pays, dans le but d'accélérer le progrès industriel.

– Relever sur la carte p. 23 les principaux ports et leurs destinations.

– Le percement de l'isthme de Suez par le Français F. de Lesseps raccourcit la distance entre Marseille et les ports de l'Inde, de l'Indochine et d'Extrême-Orient. A vérifier sur un atlas.

Le grand essor de l'urbanisme.

Le grand souci du Second Empire fut de remodeler les villes qui n'étaient plus adaptées à l'évolution économique. Il faut supprimer dans les centres (à Paris surtout) les vieilles rues étroites, propices aux barricades et aux émeutes (Rappel, la Restauration).

Paris connaît des transformations spectaculaires; il devient un gigantesque chantier et, sous l'impulsion du préfet Haussmann, prend à peu près l'aspect que nous lui connaissons.

Sa superficie s'accroît par l'absorption de communes suburbaines et passe de 12 à 20 arrondissements.

De grands axes Nord-Sud et Est-Ouest sont créés; *les Grands Boulevards* ceinturent la ville et *le Boulevard St-Germain* est percé; ils sont bordés de hauts immeubles en pierre de taille, destinés aux gens aisés. De grandes *places-carrefours* permettent une circulation rapide.

Des édifices publics utilitaires sont construits: gares, mairies, hôpitaux, casernes, un opéra, les Halles, la Villette (abattoirs).

Les bois de Boulogne et de Vincennes sont créés en périphérie; l'église Notre-Dame est restaurée, la construction de la Tour Eiffel est commencée en 1887.

La ville passe de 1.300.000 habitants à plus de 2 millions en 20 ans.

Salubrité et confort sont assurés par l'installation des égouts, l'aduction d'eau aux étages, l'éclairage au gaz et un réseau de transport urbain par omnibus.

De plus en plus la population se regroupe dans les villes. *Marseille* et *Lyon* changent de physionomie avec la construction d'un centre ville monumental, consacré aux affaires: sièges d'entreprises, grandes banques, grands magasins, immeubles cossus...

Les classes modestes profitent de ces transformations: «l'emploi est plus abondant, plus régulier, plus sûr».

au 19e siècle

La condition ouvrière

Une exploitation des hommes intolérable.

Conditions de travail dans l'industrie textile :

«Les ouvriers d'Amiens devaient se lever de grand matin pour entrer à la fabrique au son de la cloche de cinq heures moins le quart. Le moindre retard impliquait une amende et, à la troisième récidive, on était congédié avec un mauvais certificat qui vous mettait dans l'impossibilité de trouver à se caser dans la région.»

«Ils restent 16 à 17 heures debout, chaque jour, dont 13 au moins dans une pièce fermée, sans presque changer de place ni d'attitude; et on l'inflige à des enfants de 6 à 8 ans, mal nourris, mal vêtus, obligés de parcourir dès 5 heures du matin, la longue distance qui les sépare de leur atelier et qu'achève d'épuiser, le soir, leur retour de ces mêmes ateliers.» N. Truquin

Budget d'un bon ouvrier du textile, *d'après un rapport d'A. Blanqui en 1848:*

– *Gain* du père, 2 F par jour, de la mère, dentelière à domicile, 0,15 F par jour. Ils ont quatre enfants.

– *Dépenses par semaine*

22 kg de pain à 0,22	5,18
viande (bas morceaux)	0,75
beurre, mélasse, fruits	0,80
pommes de terre, haricots	1,00
lait	0,45
loyer (cave à 3 m au-dessous du sol)	1,50
savon, éclairage, charbon	2,45

– Faire le total hebdomadaire des gains (6 jours par semaine) et des dépenses.
– Calculer en pourcentage la part de la nourriture, du pain tout seul, du logement dans l'ensemble des dépenses.
– Comment acheter des vêtements? Qu'arrive-t-il si le père est malade, ou la mère?

1834: une enquête du docteur Guépin à Nantes, sur la déchéance physique des ouvriers du textile constate que le rachitisme précoce, et la tuberculose ramènent l'espérance de vie à 21 ans.

1841: une enquête du docteur Villermé sur les travailleurs du textile établit ce qui suit: un homme gagne 2 F par jour pour 13 heures de travail, une femme 1 F, un enfant 10 sous (0,50 F). Or un kilog de pain coûte 6 sous (0,30 F) et un costume d'homme 80 F.

Travail

– Regrouper toutes ces informations sous les rubriques suivantes:
travail mal rémunéré;
conditions de travail révoltantes;
misérables conditions de logement.
– On commence tout de même à se préoccuper du sort des ouvriers. Où le constatez-vous?

Conditions de travail dans l'industrie métallurgique et dans les mines :

Description d'un auteur de l'époque:
Un atelier de fonderie.

«Un être se démenait devant un four, débouchant l'ouverture à coups répétés de ringard (longue tige de fer). Enfin une traînée de feu ruissela le long d'une gouttière, disparut dans une poche immense... Une fosse circulaire s'illumina, dans laquelle étaient rangées les lingotières, gueules voraces. Au-dessus de chacune, la poche s'arrêtait, donnait la ration. (Le métal en fusion dans la poche est versé dans des moules qui donnent toutes sortes de pièces de machines après refroidissement). Tout autour, des hommes clignotaient des yeux, esquivaient les étincelles...

Au loin, d'autres fours se profilaient, que des démons grimaçants gavaient à la pelle. J. Pallu, L'usine

Les mineurs sous le Second Empire.

«Les mineurs devaient, pour attaquer la houille, rester couchés sur le flanc, le cou tordu, les bras levés et brandissant de biais... le pic à manche court.
... c'était Maheu qui souffrait le plus. Là-haut, la température montait jusqu'à 35°; l'air ne circulait pas. L'étouffement à la longue, devenait mortel... La voûte au-dessus de lui, à quelques centimètres de son visage ruisselait d'eau... Au bout d'un quart d'heure, il était trempé.»
E. Zola, Germinal, 1885

Les habitations :

Logement d'un tisserand à Nantes.

«Entrez dans un de ces cloaques ouverts sur la rue..., si l'odeur fétide qu'on y respire ne vous fait pas reculer... C'est là, souvent sans feu l'hiver, sans soleil le jour..., que des hommes travaillent pendant quatorze heures par jour, pour un salaire de 15 à 20 sous. A. Guépin

Habitations ouvrières à Lille vers 1840 :

«Les plus pauvres habitent les caves et les greniers. Ces caves n'ont aucune communication avec l'intérieur des maisons: elles s'ouvrent sur les rues ou sur les cours et l'on y descend par un escalier qui en est à la fois la porte et la fenêtre... Toutes ont une cheminée, ce qui prouve qu'elles ont été construites pour servir d'habitations.
... Eh bien, les caves ne sont pas les plus mauvais logements... Les pires sont les greniers où rien ne garantit des extrêmes de température.» L. R. Villermé

Les paysans sans travail qui affluent à la ville acceptent des conditions d'hébergement déplorables:

«La logeuse me conduisit au 4e étage... elle me montra mon lit et déposa mon petit paquet sur une planche... Il y avait 6 lits et 12 locataires. On était tellement entassés... qu'il ne restait qu'un passage de 50 cm pour servir de couloir.»
M. Nadaud, Mémoires de Léonard, 1885

Triage du charbon par des femmes et des enfants (1860).

Photo Charmet (Musée des Arts et Métiers)

L'exaspération due à une telle misère a provoqué, au cours du siècle, de terribles révoltes ouvrières.

Les luttes ouvrières

Rien ne protège les ouvriers à cette époque.

Les industriels du 19e siècle, à de rares exceptions près, ne se préoccupent pas du bien-être de leurs ouvriers; seul compte, pour eux, le profit qui assure l'expansion de l'entreprise.

Les ouvriers sont isolés; aucune législation ne les soutient. Les patrons ont moins besoin d'une main-d'œuvre qualifiée car la machine fractionne la fabrication en de multiples opérations répétitives, très simples. Les ouvriers sont donc interchangeables, aucun apprentissage n'est nécessaire et ils sont, de plus, très nombreux. Ils acceptent donc les affreuses conditions de vie étudiées à la page précédente.

Mais à certains moments, exaspérés par une misère devenue insupportable, ils sont prêts à passer aux actes les plus violents.

Des révoltes de la misère dictées par le désespoir.

Après la révolution de 1830, (voir page 19) les diverses insurrections de Lyon et de Paris comptent parmi les plus sanglants de ces actes de désespoir.

La première, l'insurrection lyonnaise des «canuts» (ouvriers de la soie) en 1831, fut la plus meurtrière. Les salaires étaient tombés à 18 sous par jour pour 15 à 18 heures de travail.

– Comparer avec les prix indiqués dans la deuxième enquête (page 27).

Que peuvent-ils acheter avec 18 sous?

Ils se rendent maîtres de la ville. Le gouvernement, au lieu d'essayer d'atténuer cette misère, envoie une véritable armée pour les soumettre. Il y a un millier de victimes dans les deux camps.

L'émeute parisienne de juin 1832 est réprimée par une armée de 30.000 hommes qui fait 800 victimes parmi les insurgés.

1834, un printemps tragique. Les canuts décident l'arrêt du travail; la troupe n'intervient pas, le travail reprend. Les conditions de travail ne s'améliorent pas; l'émeute reprend 2 mois plus tard; elle se termine par un massacre des ouvriers: 300 morts, plus de 300 blessés. A Paris des barricades s'élèvent; elles sont aussitôt dispersées par la troupe: 2.000 suspects sont arrêtés, des centaines de blessés, 25 morts.

En 1848, le peuple en armes réclame du travail et la limitation de la journée de travail à 10 heures. C'est la révolution de février et son rebondissement en juin. (Voir p. 20). Les ouvriers n'obtiennent rien.

A partir de 1860, un mouvement ouvrier naissant.

Napoléon III accorde le droit de grève et d'association en 1864. Les ouvriers se groupent dans des «associations internationales ouvrières».

Une réunion électorale en 1885.

En 1868, la liberté de la presse est partiellement accordée et les réunions publiques sont autorisées.

Les grèves se multiplient entre 1864 et 1869 dans toutes les grandes villes qui aspirent à la république. Elles sont à nouveau réprimées par l'armée.

Une prise de conscience a eu lieu.

La prise de conscience de la misère ouvrière donne naissance à un nouveau courant de pensée, *le socialisme* dans lequel les hommes ressentent la misère ouvrière comme une anomalie et s'efforcent d'imaginer une société idéale dans laquelle la richesse serait mieux répartie et les hommes plus heureux.

On assiste à la naissance des partis politiques:

les uns comptent sur l'intervention de l'Etat et sur l'association des ouvriers; ce sont *les socialistes;*

d'autres, analysent la lutte des classes dans l'ensemble de la société industrielle, souhaitent la prise du pouvoir par la classe ouvrière; ce sont *les communistes.*

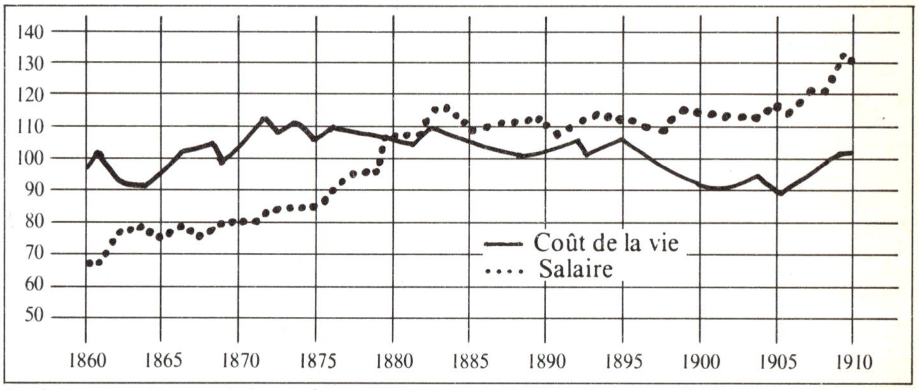

Les luttes ouvrières ont abouti à une amélioration du sort des ouvriers.

Le suffrage universel, dessin humoristique de 1848.

Citations:

Une définition optimiste du progrès; extrait du «Grand dictionnaire universel» Larousse, 1ere édition, 1865:

«... la croyance universelle est que le progrès est la loi même de la marche du genre humain... L'homme s'achemine lentement vers la justice... L'homme est devenu sacré à l'homme... Le genre humain tend à ne constituer qu'une grande famille, idéal de perfection que poursuivent, même à leur insu, les peuples civilisés.»

– En quoi cette définition est-elle optimiste?

«... Le seul gouvernement qui puisse satisfaire à toutes les exigeances de l'état social est celui auquel participe le peuple tout entier...» J.S. Mill, Paris, 1877

– *Recherche.*

Qu'est-ce qu'une démocratie?

Mais rien n'arrête la marche libératrice des ouvriers. Les syndicats se multiplient.

La Troisième République

Une nouvelle Constitution crée un nouveau régime.

Après la fin du Second Empire en 1870 et la Commune, les royalistes essaient de rétablir la monarchie; ils n'arrivent pas à s'entendre.

En 1875, profitant de leurs divisions, les républicains font voter de nouvelles lois constitutionnelles qui organisent la République; elle est véritablement établie lorsque les républicains ont la majorité aux deux Assemblées: Chambre des députés et Sénat. En 1879, un président républicain est élu, c'est Jules Ferry.

Une amnistie est accordée aux condamnés de la Commune; *le 14 juillet* est décrété fête nationale et *la Marseillaise* hymne national.

La Constitution de 1875

Le Parlement

est élu au suffrage universel et comprend deux Assemblés.

la Chambre des députés

élue au suffrage direct

le Sénat

élu au suffrage indirect

– votent les lois et le budget
– contrôlent l'action du gouvernement
– élisent le Président de la République

Le Président de la République

élu pour 7 ans par le Parlement
– représente la République,
– nomme et peut renvoyer les ministres qui gouvernent avec l'accord de la majorité du Parlement.

C'est un régime:
– *démocratique* puisque le suffrage est «presque» universel (les femmes ne votent pas);
– *parlementaire* car les ministres sont choisis dans la majorité du Parlement (députés).

Le programme républicain est appliqué.

En accord avec les 2 assemblées, Jules Ferry fait appliquer le programme républicain.

Les nouvelles lois donnent la liberté de réunion, la liberté de la presse, la liberté d'association:

– 1881
Art. 1. L'Imprimerie et la Librairie sont libres.
Art. 5. Tout journal ou écrit périodique peut être publié sans autorisation préalable et sans dépôt de cautionnement.

– 1882, le conseil municipal élit le maire (nommé jusque-là).
– Les lois de 1884 favorisent lentement l'essor du syndicalisme; un Ministère du Travail est créé.
– En 1890, une loi supprime l'obligation du livret de l'ouvrier.
– En 1892, limitation de la journée de travail à 10 heures; le travail des enfants est interdit.
– En 1895, les premiers syndicats se regroupent en une Confédération Générale du Travail (C.G.T.) qui comprend tous les syndiqués. Ainsi regroupés les ouvriers peuvent mieux se défendre et obtenir des améliorations.
– En 1898, une loi rend les patrons responsables des accidents survenus pendant le travail.

– 1901
Art. 2. Les associations de personnes pourront se former librement sans autorisation, ni déclaration favorable.

Des lois règlent l'enseignement primaire.

– De 1881 à 1886 les lois organisent l'enseignement primaire qui devient laïque, gratuit et obligatoire de 6 à 13 ans, d'où l'interdiction de travailler pour les enfants.

La France se couvre d'écoles qui répandent l'instruction jusque dans les plus petits villages.

En 1880, 25% des hommes et 35% des femmes étaient encore illetrés; en 1890, le pourcentage est passé à 15% pour les hommes et 24% pour les femmes.

Les instituteurs, formés dans les Ecoles Normales, donnent la même instruction à tous avec une rigueur et une moralité exemplaires: pensée libre, souveraineté nationale, patriotisme, justice sociale, étaient l'idéal républicain enseigné dans les classes. Le catéchisme s'apprenait enfin en dehors de l'école et l'on n'avait pas porté dommage à l'enseignement religieux.

La devise: «liberté, égalité, fraternité» inscrite au fronton des édifices publics, se veut, dans sa simplicité, le rappel des principes de 1789.

Ecole primaire vers 1900.

Photo Charmet

L'accélération des progrès techniques se poursuit.

Deux formes nouvelles d'énergie vont prendre le relais de la force de la vapeur:

L'électricité

En 1869, l'invention de *la turbine* va permettre l'utilisation de la houille blanche (la force du courant d'un cours d'eau) pour produire de l'électricité.

En 1871, la première dynamo est inventée. A la fin du 19e siècle, l'usage de l'électricité commence à se répandre.

Le pétrole

En 1889, un premier *moteur à explosion* utilise la force d'un nouveau combustible, l'essence, dérivée du pétrole récemment découvert aux Etats-Unis. Ce moteur, au début, ne peut que faire avancer une voiture légère dont les roues sont en bois.

Le bandage pneumatique (caoutchouc) sera bientôt employé pour les *29 automobiles* vendues par Armand Peugeot en 1892 et pour le premier décollage sur 50 m de *l'avion d'Ader* en octobre 1890. En 1904, les frères Wright, américains, réussiront à se maintenir en l'air sur plusieurs km. En 1909, Blériot franchit la Manche, atterrit en Angleterre.

En 1895, c'est l'invention du cinématographe, par les frères Lumière.

Voiture Peugeot de 1892 (Vis-à-vis, type 3).

Photo Peugeot, Sochaux

Affiche représentant une projection du film «L'arroseur arrosé».

Photo Edimedia

Au cours du 19e siècle, pour s'assurer des débouchés

La France conquiert des colonies

Des voyages d'exploration sont entrepris.

Les intérieurs des continents sont mal connus : de l'Afrique on ne connaît que les régions côtières et l'Asie reste un continent mystérieux. Les voyages d'exploration vont permettre de les découvrir.

Des Français : Foucault explore le Maroc et installe des missions dans le Sud ; René Caillé part seul à la découverte du Sahara, Savorgnan de Brazza explore le Congo dont il fait l'acquisition pour la France.

Des Anglais : Livingstone se perd en Afrique équatoriale ; il sera retrouvé par Stanley. Les journaux et des magazines illustrés racontent ces expéditions pour lesquelles le public se passionne.

Ces voyages font naître de nouveaux intérêts. C'est ainsi que, l'Angleterre, la France et, à un moindre degré, la Belgique et l'Allemagne lancent leurs troupes au loin et se taillent de vastes empires, sans se soucier des populations concernées.

La conquête de l'Afrique du Nord.

L'Algérie. Pour mettre fin à la piraterie en Méditerranée et essayer de donner du prestige à son règne, Charles X décide en 1830 de conquérir Alger. Les Français occupent la ville et quelques ports de la côte, tout en négociant avec les chefs arabes de l'intérieur du pays.

En 1839, le jeune émir, Abd-el-Kader, essaie de rallier les tribus afin de rejeter les Français à la mer. Sa résistance pleine de courage est longue ; ce n'est qu'en 1847 qu'il se rendra à la France.

De nombreux colons vont peupler l'Algérie ; ils introduisent la culture de la vigne, cultivent le blé, l'oranger, l'olivier et les primeurs à l'aide d'une main-d'œuvre indigène bon marché. En 1871, l'Algérie est divisée en 3 départements qui dépendent entièrement de Paris.

La Tunisie est occupée en 1881, et, en 1883 devient *un protectorat.* Les oliveraies, la pêche, l'exploitation des mines de phosphates assurent une certaine prospérité.

Le Maroc. En 1901, la France intervient pour pacifier les tribus en guerre. Le pays est rapidement transformé par le maréchal Lyautey qui, après la pacification, lance la mise en valeur et construit : routes, voies ferrées, grandes villes, en sachant gagner la confiance des populations indigènes. Le Maroc devient un protectorat en 1912.

Conquête de l'Afrique Noire.

Dans la seconde moitié du 19e siècle, des missionnaires et des explorateurs, Brazza au Congo, Foureau et Lamy au Sénégal, vont préparer la pénétration coloniale de la France en Afrique.

A partir de quelques comptoirs côtiers au *Sénégal,* la domination française s'étend ; (1890-1898) *le Congo* est conquis pacifiquement, puis le Tchad (1901). La soumission du *Sahara* permet de relier l'Afrique Noire à l'Afrique du Nord. L'Afrique Noire est divisée en deux territoires administratifs : l'Afrique occidentale et l'Afrique équatoriale françaises.

La culture de l'arachide se développe au Sénégal où est construit le grand port de Dakar ; l'ivoire, le caoutchouc, les bois précieux sont exploités au Gabon et au Congo.

Dans l'Océan Indien, la France s'installe à *Madagascar* (1895).

Conquête de l'Indochine.

Dans le but d'avoir un accès au marché chinois, les Français s'installent en *Cochinchine* entre 1858 et 1861 et au *Cambodge* en 1863. La difficile conquête du *Tonkin* est réalisée en 1885.

La mise en valeur de ces pays qui deviennent de gros producteurs de riz, est très rapide. Dès 1910, une certaine agitation se développe parmi les intellectuels indigènes.

Des territoires dispersés.

Ils sont acquis pour la plupart sous le Second Empire : Djibouti, puis la côte des Somalis, la Nouvelle-Calédonie et de nombreux archipels en Polynésie, qui s'ajoutent aux territoires acquis au 17e siècle.

La colonisation.

Elle va permettre à la France, grâce à son avance économique, de diffuser ses productions industrielles : Bordeaux et Marseille exportent en masse les produits de notre industrie textile et métallurgique et importent les matières premières à bas prix.

Dans les territoires colonisés, les Français s'approprient une partie des terres vacantes (ou qu'ils confisquent à la suite de troubles) et bouleversent l'économie locale pour se procurer les richesses du sol et du sous-sol.

La France a aboli l'esclavage dans ses colonies en 1848, mais elle y a introduit le travail forcé, sous forme de corvées, et, lorsque le travail est libre, le travailleur ne touche qu'un salaire minime.

La mission civilisatrice de la France se résume en fait à la christianisation des masses indigènes par les missions, au début de leur scolarisation, à la création de routes et voies ferrées et à l'amélioration des conditions sanitaires : hygiène et luttes contre les maladies tropicales.

Cependant, grâce au développement de l'instruction, ces populations vont, peu à peu, devenir capables de s'administrer elles-mêmes. Elles obtiendront leur indépendance plus tard, les unes sur simple demande, mais d'autres au prix de luttes meurtrières.

Mots à définir :
- un protectorat,
- un émir,
- une population indigène.

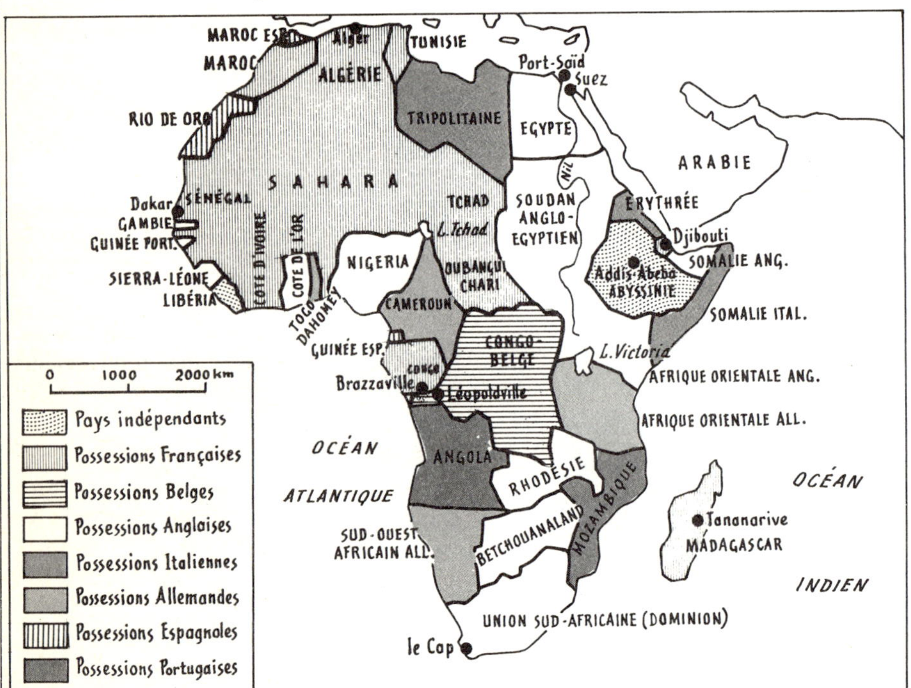

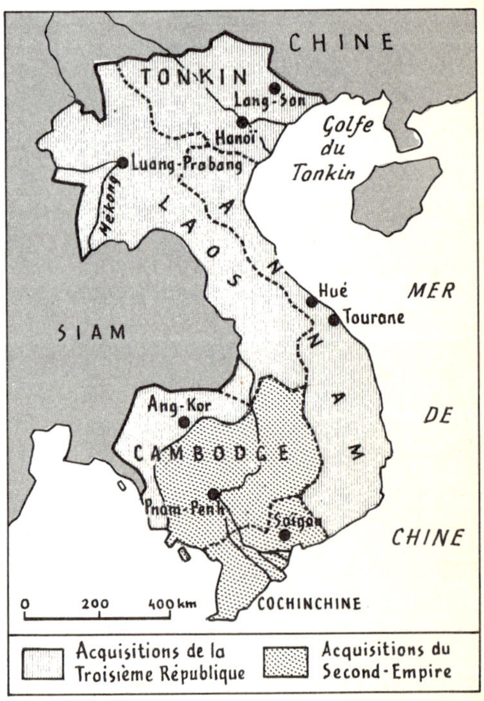

Dans un foisonnement d'artistes

L'art au 19e siècle

Dans la société du 19e siècle, après l'Empire, l'artiste est devenu indépendant; il n'exécute plus de «commandes» passées par le pouvoir en place ou la haute société. Le peintre produit des œuvres répondant à sa sensibilité, puis il cherche à les vendre. Vers la fin du siècle, apparaît le marchand de tableaux, qui expose les œuvres dans une sorte de magasin où les amateurs viennent les acheter.

Par ailleurs, les gouvernements, les villes même, ouvrent des musées grâce auxquels l'éducation artistique est accessible à tous.

De grands courants artistiques et littéraires se succèdent tout au long du 19e siècle dans un foisonnement de styles, de formes et de rythmes nouveaux.

Le mouvement romantique repose sur la sensibilité.

Le «romantisme» est une réaction contre les règles classiques qui freinaient l'expression de la personnalité.

La peinture se libère du souci de représenter fidèlement un modèle, pour exprimer idées et sentiments personnels et donner libre cours à l'imagination.

Les peintres marqués par la Révolution et l'Empire, mettent dans leurs tableaux mouvement et violence. *David,* puis *Gros* et surtout *Delacroix* au tempérament torturé, allient la violence des couleurs et la vigueur du trait pour rendre l'intensité dramatique d'un événement historique.

Mais, bientôt, les peintres vont réaliser leurs œuvres en plein air et non plus en atelier. Ils peignent alors la beauté de la nature, tel *Corot* dont les tableaux expriment souvent la douceur des paysages d'Ile-de-France.

En musique, le pouvoir de suggestion de «l'image sonore» où se mêle la passion, est intense chez *Chopin* exilé polonais, *Liszt, Berlioz,* et surtout chez l'Allemand *Beethoven,* sans doute le plus grand musicien de tous les temps.

En littérature, même évocation de l'image «verbale» cette fois, grâce à un rythme nouveau en poésie avec *Lamartine, Victor Hugo, Vigny,* et *Musset* le poète de l'amour; dans les romans avec *Stendhal, Alexandre Dumas, George Sand* qui décrit avec talent la vie champêtre, *Balzac* enfin qui nous a laissé une fresque de la Révolution à la fin de la Restauration, dans ses 90 romans.

En architecture, la «découverte» des beautés du Moyen Age permet d'apprécier et de sauvegarder, châteaux-forts et monuments romans et gothiques.

Vers le milieu du siècle le romantisme tend à s'effacer.

Le mouvement réaliste lui succède vers 1850.

En peinture il est un témoignage humain en faveur des classes déshéritées. *Courbet* montre des hommes et des femmes au travail, *Millet* des paysans aux champs. Les peintures (des caricatures surtout) de *Daumier* révèlent les sympathies de l'artiste pour le peuple.

En littérature, Flaubert décrit, lui aussi, la réalité de la vie quotidienne et les milieux humbles. *Emile Zola* s'est attaché à décrire avec précision les faits humains et sociaux; ses romans sont une véritable enquête sur la misère sous le Second Empire. *Maupassant,* dans des Contes et Nouvelles, évoque la vie des paysans normands et de la petite bourgeoisie.

Puis, les impressionnistes créent un épanouissement de formes nouvelles.

Vers 1870, les peintres font de la lumière l'objet essentiel de leurs recherches. De jeunes artistes qui, comme les «réalistes» peignent en plein air, cherchent à fixer sur leurs toiles les aspects changeants de la nature. Ce sont *Claude Monet, Pissaro, Renoir, Sisley*... Par petites touches de couleurs claires juxtaposées ils recréent des nuances fugitives qui imitent les jeux de lumière dans la nature et l'ambiance colorée d'un moment précis de la journée.

Puis *Van Gogh, Gauguin* y ajoutent l'angoisse et la passion.

Cézanne, ensuite, réagit à l'impressionnisme: il ne veut pas saisir l'instant, mais peindre la forme des choses; il veut retrouver les volumes des paysages par la schématisation géométrique des formes et la simplification des couleurs, sans grand souci de perspective. Il peint ainsi d'admirables paysages de la campagne provençale.

Ses recherches vont faire naître «le cubisme» au début du 20e siècle, avec le célèbre *Picasso.*

En littérature, une nouvelle tendance, le symbolisme, se dessine vers 1885.

Il s'éloigne de la nature: à la suite de *Baudelaire,* les poètes *Verlaine, Rimbaud, Mallarmé* s'appliquent à suggérer par la musique des vers et la valeur symbolique des mots, les nuances de leurs impressions et de leurs états d'âme.

Vers la fin du siècle apparaît *le roman populaire* que certains journaux publient sous forme de feuilletons (Rocambole, Le mystère de la chambre jaune).

En musique, on assiste à un renouveau du langage musical avec *Claude Debussy.*

En architecture, dans le même temps, commencent à s'élaborer des formes nouvelles qui font apparaître les structures.

Les architectes emploient pour cela des matériaux nouveaux: le fer et les grandes surfaces vitrées. Les principales réalisations sont: les Halles de Baltard, en 1854, le pont Alexandre III, les Grands Magasins, la salle de lecture de la Bibliothèque Nationale, en 1868, l'élégant viaduc de Garabit en 1884, la Tour Eiffel en 1889...

Photo Charmet (Bibl. des Arts Décoratifs)

L'architecture métallique: La Tour Eiffel en cours de construction et les Halles Baltard.

Photo Charmet (Bibl. des Arts Décoratifs)

Au 19e siècle, l'art s'est libéré de la convention; l'artiste donne libre cours à sa sensibilité.

Travaux

Recherche de reproductions en couleurs des tableaux de quelques-uns des peintres nommés, représentant les différentes tendances.

Les regrouper dans l'ordre chronologique suivant leur appartenance aux mouvements culturels indiqués et essayer de saisir l'évolution de la peinture au cours du 19e siècle.

Une autre recherche

– la bibliothèque de la classe comprend-elle des livres écrits par les auteurs cités?

– parmi les poésies apprises, retrouver un ou plusieurs textes du 19e siècle.

Si possible, écouter une œuvre romantique de Chopin, Berlioz, Beethoven...

L'Ère des Révolutions aboutit à une nouvelle civilisation fondée sur le machinisme

«L'Ère des Révolutions» est une rupture radicale avec le passé sous bien des aspects.

Le pays.

Il s'est unifié:

– *dans le domaine administratif:* 83 départements remplacent la confusion des anciennes divisions administratives; un même découpage en préfecture, sous-préfecture, arrondissements, communes, se retrouve dans chacun d'eux.

– *dans le domaine économique:* le système métrique remplace l'infinie diversité des anciennes mesures; le franc germinal (1803) a fixé la monnaie pour plus d'un siècle; les douanes intérieures sont supprimées; plus de barrages tâtillons sur les routes et rivières ou à l'entrée des villes; résultat: un marché unifié, des échanges facilités.

Les hommes.

Ils ne sont plus des «sujets» mais des «citoyens».

Dans les villages les cahiers de doléances ont obligé chacun: laboureurs, journaliers, ou fermiers du seigneur, à parler, critiquer et enfin proposer de nouvelles structures.

Dans les villes, les luttes sont plus âpres, plus longues. En 1792, les «sans-culottes» rédigent des pétitions, organisent des discours, pressent l'Assemblée de demandes: pain moins cher, salaires suffisants, contrôle des élus, partage des richesses. Cela aurait-il été possible cinq ans plus tôt?

La nation est devenue une réalité; c'est elle que défendent les volontaires en 1793; la guerre est devenue «nationale».

La politique n'est plus une chose abstraite, réservée à quelques initiés. Chacun peut apporter ses idées, exprimer ses désirs, être pris en considération et faire avancer le bonheur commun.

La société.

Les ordres de la société médiévale et de l'Ancien Régime ont éclaté.

La noblesse disparaît en tant qu'ordre; elle est appauvrie (ventes de ses biens, suppression des charges d'Etat, des redevances, des privilèges) et beaucoup de nobles ont dû fuir. Mais elle n'est qu'une victime apparente: tous n'ont pas émigré; beaucoup ont retrouvé leurs biens, d'une manière ou d'une autre, après la Révolution.

Les paysans sont émancipés de la tutelle du seigneur par la destruction de la féodalité, en partie en 1789, totalement en 1793 et par l'acquisition, même fragmentaire, de parcelles de territoire.

Le peuple des villes n'a pas bénéficié de la Révolution, alors que c'est lui (artisans boutiquiers, ouvriers) qui a permis sa réussite par son action directe.

En 1799, le bilan est maigre. Si certains se sont élevés à la petite entreprise, leur nombre est restreint; dans l'ensemble, les masses populaires se sont plutôt appauvries et les travailleurs, une fois les corporations supprimées, se sont trouvés seuls face aux patrons, sans aucune loi pour les défendre.

Toutefois, au cours du 19e siècle, s'élabore lentement *une conscience de classe* qui, à force de luttes très dures, aboutira à la formation du mouvement ouvrier, et aux premières améliorations sous la 3e République.

La grande bénéficiaire de la Révolution est la bourgeoisie.

Tous les bourgeois se sont enrichis: la grande bourgeoisie d'affaires, mais aussi la bourgeoisie plus modeste des professions libérales, par l'achat des biens nationaux, la spéculation, la fourniture aux armées, la nouvelle administration, le métier d'officier, etc...

Beaucoup participent à une plus grande part de pouvoir; la Révolution de 1789 les a placés aux postes de commande, le régime censitaire a maintenu leurs représentants à la tête de l'Etat.

Les cadres de la société sont bousculés.

Riches ou pauvres se trouvent dans une compétition sociale fondée sur les «capacités, vertus, talents» et non plus sur la naissance. Mais les rapports de classe opposent maintenant celui qui dispose d'une fortune (argent, savoir, pouvoir) à celui qui n'a que ses bras à mettre sur le marché du travail.

Au cœur du monde du travail ont émergé deux nouvelles classes sociales:

– *le prolétariat d'usine* avec ses nouvelles doctrines et la lutte qu'il mène pour conquérir la place qui lui revient;

– *la bourgeoisie d'entreprise* ou patronat capitaliste, nouvelle élite fondée sur la domination des propriétaires et constituée à la fois par des éléments de l'ancienne noblesse et des bourgeois.

La production mécanisée et concentrée a multiplié les quantités produites, a abaissé leur coût de production, donc leur prix de vente, a rendu les produits accessibles à un plus grand nombre, et a élargi le marché.

Elle a contribué à *uniformiser les habitudes.*

L'ouverture des connaissances.

«La classe des notables s'impose par la richesse; elle s'impose aussi par les privilèges culturels que l'école perpétuait»

(G. Dupeux)

Les lois de Jules Ferry n'ont pas arraché la France à l'ignorance, comme on aurait tort de le croire parfois; 72% des Français savaient lire et écrire entre 1871 et 1875. Elles ont généralisé l'enseignement primaire dans toutes les communes.

En effet, les lois Guizot (1833) et Falloux (1850) tout en obligeant les communes à entretenir une école, ne pouvaient obliger les enfants à une fréquentation régulière puisque l'enseignement restait payant et placé sous le contrôle du curé, malgré la présence d'un instituteur qui était tenu d'apprendre le catéchisme aux élèves et de les emmener aux offices religieux.

Avec la 3e République, dans l'idéologie républicaine, le progrès politique et moral implique le progrès de l'instruction.

En conséquence: les lois scolaires de Jules Ferry se devaient de créer une *école gratuite* afin qu'elle soit accessible à tous; on pouvait alors la rendre *obligatoire.* Les locaux scolaires devant être neutres, il fallait aussi la rendre *laïque,* c'est-à-dire ouverte à tous les enfants, quelle que soit la religion pratiquée à la maison.

Les lycées étaient payants, donc interdits aux familles modestes (un très petit nombre de bourses étaient accordées).

Pour pallier cette injustice, la 3e République a créé *des écoles primaires supérieures* pour les bons élèves des écoles primaires; elles formaient des employés et des petits fonctionnaires.

Quelques sections professionnelles dispensaient un enseignement technique; leur succès est resté limité.

Les lois de Jules Ferry ont voulu faire disparaître «La dernière, la plus redoutable des inégalités qui viennent de la naissance, l'inégalité de l'éducation,» en effectuant «la première fusion qui résulte du mélange des pauvres et des riches sur le banc de quelque école» (J. Ferry)

Par ailleurs, une société en train de s'urbaniser et de s'industrialiser réclamait une diffusion générale de l'instruction.

Aubin Imprimeur, 86240 Ligugé. — D.L. janvier 1991. — Édit. 8242. — Impr. L 36948. — ISBN 2-211.53904-0